公知公用技术信息的挖掘

——谈企业全球化对失效专利信息的利用

霍中祥◎著

知识产权出版社
全国百佳图书出版单位

内容提要：

专利信息是科技创新和专利活动的产物，是当今时代最重要的技术文献和知识宝库。而专利信息中的失效专利是指在法律意义上不保护其专利权人的独占权，但并不是说它在技术市场上没有价值。由于目前我国整体科技技术水平与发达国家的存在一定差距，在现阶段的经济发展形势下，应更加重视公知公用技术的应用，让它们在市场经济效益中发挥作用。因此，充分挖掘失效专利的潜在技术价值就显得尤为重要。

本书覆盖了失效专利产生的原因，获取信息的途径、避免失效专利侵权的方法、分析失效专利的应用价值和利用 TRIZ 理论对失效专利进行分析等内容。

责任编辑：于晓菲　　**责任出版：**卢运霞

图书在版编目（CIP）数据

公知公用技术信息的挖掘：谈企业全球化对失效专利信息的利用 / 霍中祥著 .—北京：知识产权出版社，2013.12

ISBN 978-7-5130-2526-3

Ⅰ.①公…　Ⅱ.①霍…　Ⅲ.①专利－信息利用　Ⅳ.①G252.7

中国版本图书馆 CIP 数据核字（2014）第 000860 号

公知公用技术信息的挖掘

——谈企业全球化对失效专利信息的利用

霍中祥　著

出版发行：知识产权出版社有限责任公司

社　　址：北京市海淀区马甸南村 1 号　　邮　　编：100088

网　　址：http://www.ipph.cn　　邮　　箱：rqyuxiaofei@163.com

发行电话：010-82000893 转 8101　　传　　真：010-82005070/82000893

责编电话：010-82000860 转 8363　　责编邮箱：yuxiaofei@cnipr.com

印　　刷：保定市中画美凯印刷有限公司　　经　　销：新华书店及相关销售网点

开　　本：720mm×960mm　1/16　　印　　张：11.00

版　　次：2014 年 3 月第 1 版　　印　　次：2014 年 3 月第 1 次印刷

字　　数：210 千字　　定　　价：39.00 元

ISBN 978-7-5130-2526-3

引 言

随着 1985 年中国专利法的实施到现在，中国专利制度逐步完善，中国社会的专利意识也逐渐加强，但是大部分人却片面地认为专利只是与法律相关的事务，或者只是技术的集合，而事实上，专利更是一种信息，是为社会服务的重要信息源，其所包含的法律信息、技术信息、经济信息在现代社会中起着不可估量的作用。中国的专利保护分为发明专利、实用新型专利和外观设计专利三种类型。因为各种原因而失效的专利作为专利的重要组成部分，对它的研究也越来越深入广泛。1998 年 12 月，知识产权出版社《中国失效专利数据库》光盘和相关书籍出版，《北京青年报》《中国专利报》等数家媒体刊登了此消息，“失效专利”这个名词才正式为公众所知，中国逐步开展了失效专利的研究。

根据 2012 年 2 月专利检索数据记载，中国三种专利总量达到 630 余万件，失效专利总量为 253 万余件，失效专利总量占三种专利总量的 40.15%。在全球总量达 5000 余万件的专利中，只有 62 余万件在中国有效，其余 4938 多万件专利不受中国法律保护，失效专利高达 85% 以上，可以为中国免费使用。

据相关资料显示，未来的 10 年将会有大量专利药到期，全球药品专利保护到期的高峰正在到来，物资专利 (美国专利) 到期的药品 2014 年将达到顶峰，有 58 个，同时于 2013 年和 2018 年有两个高峰，均有 40 多个。在全球农药市场上，非专利产品已占到了 75%，未来 4 年内，还将有 40 个国外农药品种专利过期。到 2023 年，全球将有 166 个农药相关的专利到期，预计新增市场价值可达 110 亿美元 ...... 失效专利总量之大，可利用空间之广，已经引起了社会各界的关注，免费的午餐、待挖掘的金矿似乎一下成了失效专利的代名词。面对如此大的公用信息资源，在目前中国行业创新技术有限的情况下，如何合法有效地利用失效专利，充分挖掘其内在价值，为经济建设服务，成为社会一个新的研究热点。但是由于中国失效专利诞生较晚，专利本身应用不足，失效专利的相关研究限于时间和空间还未能形成具体和完善的体系。就目前的研究现状来看，仅有少数来自不同领域的研究者对失效专利做了基本理论准备工作，大多是对失效专利的定义、产生原理、法律规避的研究，对失效专利的应用方面的研究还很少。

本书第一部分（第一章至第五章）旨在通过对中国现阶段关于失效专利产生、定义、作用、获取途径等的系统分析，对失效专利进行定义，确定失效专利产生的原因，以及总结获取失效专利的途径并且对应用失效专利可能产生的侵权原因及如何规避提供解决方案。

第二部分（第六章至第七章）通过对专利法律、技术、经济信息方面的研究分析，确定失效专利的利用价值以及在各个领域应用的途径及方法。

第三部分（第八章至第九章）通过 TRIZ 理论分析失效专利的应用模式等，试图探讨失效专利的价值以及应用方式，为教育、科研、企业等各领域提供失效专利的系统应用方式。

同时，应指出在信息全球化背景下，由于中国与国外发达国家技术水平存在的现实差距，中国企业对国外失效专利的应用也应成为失效专利应用的主要内容。

但愿本书能为社会各界利用失效专利这样丰富的宝藏提供方式方法，充分挖掘像失效专利这样的公知公用信息技术，为中小企业的发展以及祖国的经济建设提供服务。

目　录

第一章 总论

第一节 专利法律制度概述

一、专利制度的起源与发展

一般认为，专利制度起源于12、13世纪的西欧国家。[1] 1474年威尼斯颁布了世界上第一部专利法，规定对首先在威尼斯制造的新机械装置，只要精巧且能够使用和操作，经过登记之后，在10年之内他人不得制造相同的装置，否则应进行赔偿，其装置也应被销毁。英国也于1623年颁布了垄断法，对于新产品的先发明人授予14年实施或制造该产品的排他性特权。此后，美国和欧洲大陆国家也陆续颁布了专利法。

专利制度产生的根本原因在于国家需要以专利刺激和鼓励人们投身于发明创造活动。德国发明家威尔那芬·基勉斯曾于1876年向当时的宰相俾斯麦上书，陈述制定专利法的必要性，指出“当前德国工业面临全面崩溃的危机，摆脱此危机

[1] 汤宗舜：《专利法教程》，3版，第7页，北京，法律出版社，2003年版。

的唯一出路，就是发挥从事工业的人的精神智慧能力，除此别无他法。但是，目前技术人员既无任何社会名誉，对发明也欠保护，这一切大大妨碍了研究投资，导致发明人才大量地流向国外，很多有本领的德国技术人员逐渐离开德国，而跑向英国、美国和其他工业国，其结果，大大减弱了德国对外竞争能力”。[1] 可见专利制度在吸引技术人才和推动经济发展方面的极端重要性。

中国古代将技术视为“奇技淫巧”，技术人员一直未得到应有的重视。古代社会难以提供专利制度产生的土壤。在近代的太平天国运动中，洪仁玕在《资政新篇》中曾经提出过对“首创至巧者，赏自以专其利，限满准他人仿做”的主张。[2] 但由于太平天国运动的失败，这一思想并未付诸实施。1898年，清光绪皇帝在“戊戌变法”中颁布了《振兴工艺给奖章程》，其中有对新方法授予专利的规定。但随着“戊戌变法”的失败，该法并未得到实施。1912年辛亥革命后政府颁布了《奖励工艺品暂行章程》并经过多次修订。1944年当时的国民政府颁布了《专利法》，1984年《中华人民共和国专利法》获得通过，此后根据中美两国知识产权谈判达成的协议，《专利法》于1992年修订，将药品、食品、饮料和调味品及用化学方法获得的物质也纳入了专利保护范围，同时延长了专利的保护期限、加强了对专利的保护。2001年为了顺应加入世界贸易组织和遵守TRIPs协议的需要，中国对《专利法》再次进行了修订。2008年，为了适应提高自主创新能力、建设创新型国家的战略目标，中国对《专利法》进行了第三次修正。

二、专利的概念、基本特征和法律状态

（一）专利的概念

“专利”一词译自英语patent。从汉语“专”和“利”这两个字的意思来看，很容易将“专利”理解为“专有其利”，也就是利益只能专属于某一个人所有，其他人无法享受这种利益。因此，汉语“专利”与“垄断”的意思非常接近。但是，

---

[1] 【日】吉藤幸朔著，宋永林、魏启学译：《专利法概述》，第4页，北京，专利文献出版社，1990年版。

[2] 汤宗舜：《专利法教程》，3版，第17页，北京，法律出版社，2003年版。

仅仅将“专利”理解为“专有其利”或“垄断”是不准确的。实际上，汉语中并没有一个单词能够准确地揭示英语 patent 的含义。Patent 实际上是 letter patent 的简写，意为“公开的信件”，因此 patent 的首要含义就是“公开”。对于专利制度而言，除了个别例外情形，申请人只有将其发明创造或设计向社会公开，才能获得专利权。其次，英语 patent 还有“授予特权”的意思。这意味着专利权是一种需要由国家经过法定程序专门授予的特权，而非像著作权那样是依法自然产生的权利。而汉语“专利”一词没有反映出“公开”和“需要特别授权”这两个意思。

“专利”一词有多种含义，既可以指“专利权”，也可以指一国的“专利制度”。专利广义理解一般被认为是专利权、专利文献、专利产品三个名词的简称。

结合英语 patent 的原意和各国专利法律制度，可以将“专利权”定义为：专利权是国家根据发明创造人或设计人的申请，以向社会公开发明创造或设计的内容，以及发明创造或设计对社会具有符合法律规定的利益为前提，根据法定程序在一定期限内授予发明创造人或设计人的一种排他性权利。[1]

专利文献的概念在世界知识产权组织 1988 年编写的《知识产权教程》中进行了阐述：“专利文献是包含已经申请或被确认为发现、发明、实用新型和工业品外观设计的研究、设计、开发和试验成果的有关资料，以及保护发明人、专利所有人及工业品外观设计和实用新型注册证书持有人权利的有关资料的已出版或未出版的文件 (或其摘要) 的总称。”该教程还进一步指出：“专利文献按一般的理解主要是指各国专利局的正式出版物。”例如：专利说明书、专利公报、专利文献、专利索引、专利分类表等。核心期刊《特种铸造及有色合金》设有专门的《专利文献》栏目。

而专利产品的定义有两种：一种为“专利产品是指和专利说明书的权利要求书所写的产品相同的产品”；另一种为“专利产品是指获得专利保护的产品，具体是指得到说明书予以支持的权利要求书中所描述的产品”。主要是指具体的专利权人所有的成为专利的相关技术和产品。

---

❶ 王迁：《知识产权法教程》，第 260 页，中国人民大学出版社，2011 年版。

（二）专利的基本特征

专利权具有专有性、地域性、时间性三大特征。

1. 专有性

专有性也称独占性，指专利权人对其发明创造所享有的独占性的制造、使用、销售和进口的权利。也就是说，其他任何单位或个人未经专利权人许可不得进行为生产、经营目的的制造、使用、销售和进口其专利产品，使用其专利方法，或者未经专利权人许可为生产、经营目的制造、使用、销售和进口依照其方法直接获得的产品。否则，就是侵犯专利权。

中国《专利法》第十一条规定：发明和实用新型专利权被授予后，除本法另有规定外，任何单位或者个人未经专利权人许可，都不得实施其专利，即不得为生产经营目的制造、使用、许诺销售、销售、进口其专利产品，或者实用专利方法以及使用、许诺销售、销售、进口依照该专利发放直接获得的产品。

外观设计专利权被授予后，任何单位或者个人未经专利权人许可，都不得实施其专利，即不得为生产经营目的制造、销售、进口其外观设计专利产品。

2. 时间性

所谓时间性，是指专利权人对其发明创造所拥有的专有权只在法律规定的时间内有效，期限届满后，专利权人对其创造就不再享有制造、使用、销售和进口的专有权。这样，原来受法律保护的发明创造就成了社会的公共财富，任何单位或个人都可以无偿地使用。

对于专利权的期限，各国专利法都有明确的规定，对发明专利权的保护期限自申请日期计算一般在 10 至 20 年不等；对于实用新型和外观设计专利权的期限，大部分国家规定为 5 至 10 年，中国现行专利法规定的发明专利、实用新型专利以及外观设计专利的保护期限自申请日起分别为 20 年、10 年和 10 年。

3. 地域性

地域性是指一个国家依照其本国专利法授予的专利权，仅在该国法律管辖的范围内有效，对其他国家没有任何约束力，外国对其专利权不承担保护的义务 . 如果一项发明创造只在中国取得专利权，那么专利权人只在中国享有专有权或独占权。如果有人在其他国家和地区生产、使用或销售该发明创造，则不属于侵权行为。搞清楚专利权的地域性特点是很有意义的，这样，中国的单位或个人如果研制出有国际市场前景的发明创造，就不仅仅应及时申请国内专利，而且还应不失时机地在拥有良好市场前景的其他国家和地区申请专利，否则国外的市场就得不到保护。

多数知识产权都要受到地域性和时间性等限制。但专利权在地域性和时间性等方面受到的限制较著作权更为突出。在绝大多数国家加入《伯尔尼公约》之后，著作权的地域性受到很大削弱。这是因为《伯尔尼公约》要求缔约国实行自动保护制度，同时在著作权保护方面实行国民待遇。这意味着中国作者一旦创作完成一部作品，其著作权不但自动产生，而且同时在所有《伯尔尼公约》缔约国都受到承认，并按当地法律受到保护。如果某人在英国未经许可将中国作者创作的小说拍摄成电影放映，中国作者即可以在英国起诉此人侵权并根据《英国版权法》获得救济。与之形成鲜明对比的是，专利权并非自动产生，而是要经过国家专利部门审查之后才能授权。由于各国专利法对授权的条件规定有很大差异，仅在一国获得的专利权在其他国家并不能受到承认和保护。《保护工业产权巴黎公约》也并未创造出一项所谓的“世界专利权”。它仅要求各缔约国在专利申请方面对来自其他缔约国的申请人实行国民待遇，并未要求各缔约国保护在其他缔约国获得的专利权。因此，中国公民在中国合法获得的发明专利权在英国是无法直接受到保护的。如果该中国公民未在英国申请并获得专利权，他人在英国实施他的发明创造并不侵犯其任何权利。同时，由于专利大多与技术有关，对发明创造人的保护要与社会利用技术的重大利益相协调，因此对专利权的保护期限明显短于著作权。发明专利权的保护期为20年，实用新型和外观设计的保护期只有10年。同样由于专利技术可能与国家利益和国民经济之间有密切联系，《专利法》中防止滥用专利权的机制远多于《著作权法》，如中国《专利法》中规定了“强制许可”机制，而《著作权法》却至今未规定对作品的“强制许可”。

（三）专利的法律状态

专利有3种法律状态，即公开、授权和失效。

1. 公开。发明专利申请后，根据申请人的请求并办理相关手续后进入到公开阶段。

2. 授权。国家知识产权局对该发明专利进行实质性审查，通过审查的予以授权；而实用新型和外观专利由国家知识产权局行使审查后公开即授权。

3. 失效。授权专利需要权利人缴纳专利年费以维持专利的有效性，直至专利保护期满而成为失效专利；中途没有缴纳年费的专利也会成为失效专利；为避免重复授权，部分实用新型专利或发明专利也将失效；未能通过国家知识产权局实质性审查的专利，因视为撤回或驳回而成为失效专利。另外，授权的专利也可能面临无效宣告，尤其是实用新型专利和外观设计专利。专利权超过法定期限或因故提前失效，按照专利法的规定，这些专利便成为社会共享的资源而为社会所使用，充分体现专利的价值。

三、专利制度的作用

与著作权制度鼓励创作和作品传播的作用相似，专利制度的作用在于鼓励发明创造和技术的推广应用。但为此目的专利制度采取较著作权制度更为多样的手段。

（一）鼓励发明创造

专利制度的重要作用在于鼓励人们投身于发明创造活动，以产生有益于社会进步的新技术。通过赋予发明创造者在一定期间内实施技术的排他性权利，专利制度保证了发明创造者能够从有价值的技术中获得经济回报，以利益刺激更多的人进行有利于社会的发明创造活动。正如美国前总统林肯所言："专利制度为天才之火浇上利益之油。"

（二）促进发明创造投入实际应用

发明创造人在获得专利权之后，一般情况下总会竭力自己实施或许可他人实施相关技术，以从中尽可能多地获得经济利益。但是，某些专利权人可能出于某些市场竞争方面的考虑，既不自己实施也不许可他人实施，使专利处于闲置状态。显然，如果发明创造成果不能投入实际应用，就无法给社会带来实际利益，赋予发明创造人专有权利的目的也就不能实现。为此，专利制度中有一系列机制推动发明创造的实际应用。首先，专利权人每年都要缴纳维持费，而且逐年提高。如果技术成果无法通过专利权人自己实施或许可他人实施而创造经济价值，专利权人将处于“亏本”状态。如果此时专利权人认为专利技术已经过时，可能会为了减少损失而放弃专利。这样，维持年费的机制一方面会促使专利权人尽可能实施专利，另一方面也会推动专利权人放弃过时的专利，使原本处于垄断之下的技术尽早进入公有领域。其次，专利制度中还有“强制许可”制度，专有权人自己不实施，又拒绝他人以合理的条件实施，如果可能导致社会公共利益受到损失，国家专利部门可以许可他人实施专利。这就使得具有重要社会利益的特定技术能够及时投入应用。

（三）提供技术信息和资料

任何科学技术上的进步和创新都不是在空中建楼阁，而是需要建立在前人研究的基础之上。技术人员在缺乏充足的技术资料和文献的情况下是很难作出创新的。专利制度以公开技术方案作为授予专利权的前提条件，这样，就会有大量原本会被保密的技术资料得以公开，成为其他人进行研究和发明的原始材料。借助专利数据库，技术人员可以迅速获得大量有价值的技术资料，并可根据现有技术进一步开展研究并避免重复劳动。这对于促进科学研究和技术创新是十分重要的。

四、各国专利类型及专利保护期限

（一）美国专利的类型及专利保护期限

1. 美国专利类型美国专利类型有三种：发明专利、新式样专利与植物专利。

(1) 发明专利 (Utility Patent)。发明专利最常见，也最能为发明人取得利益。必须为“有功能”的发明才可以申请发明专利。可申请的发明包括：程序 (Process)、

机械 (Machine)、产品 (Article of Manufacture)、组成 (Composition of Matter)，其中，程序可为方法 (Method) 或上述发明的新使用方法 (New Use)。美国将用于武器的核材料和原子能排除在专利法保护的范围之外。发明专利的保护范围是由专利中的权利项所界定，只要竞争对手的产品在权利项所界定的保护范围中，即使产品不与专利内容部分所描述的发明 (发明的实施例) 一模一样，仍可能够成侵权。

(2) 外观设计 (Patent for Design)。必须为外观上的设计才可以申请新式样专利。新式样专利保护的范围主要限定在专利中所绘示出的物品外观部分。由于对手很容易经由改变设计而回避新式样专利，因此，相较于发明专利，外观设计专利的保护范围显得较狭窄。

(3) 植物专利 (Patent for Plant)。作为农业大国，美国对植物领域的发明格外重视，不仅将植物专利单独列出，而且在申请和保护方面作了很多专门适合于植物发明的规定。中国专利法第 25 条将植物新品种列为不可获得专利保护的范围，但美国的植物专利中并没有排除植物品种。申请植物专利的发明创造必须是经过无性生殖或有性生殖培养，而具有创新性 (Novelty) 及特殊性的植物。单一植物只能有一项专利。

美国不保护实用新型专利，但这并不是美国的独特之处，因为世界上不保护实用新型的专利局还有很多。

2. 美国专利的保护期限

自 1995 年 6 月 8 日及之后提出申请的发明专利和植物专利，专利保护期为自实际申请日起算 20 年；外观设计的专利保护期为专利授权日起算 14 年。2000 年 5 月 29 日起的发明专利申请案，美国专利商标局将依照专利商标局或发明人延误的时间，适当调整专利保护期。举例来说：若专利申请案因为专利商标局的延误而没有在 3 年内获准，专利商标局将会将超过 3 年的天数加入专利期。对于 1995 年 6 月 8 日前申请但却在 1995 年 6 月 8 日后获得授权或在 1995 年 6 月 8 日仍有效的发明专利，专利保护期为以下两期间之较长者：从获得授权日起算 17 年或从申请日起算 20 年。

（二）英国专利的类型及专利保护期限

1. 英国专利的类型

发明专利：针对产品技术结构、方法、工艺流程或工艺参数改进所提出的新的技术方案；

外观设计专利：也称新式样专利，针对产品的形状、图案或者其结合以及色彩与形状、图案的结合所作出的富有美感并适于工业应用的新设计。

2. 英国专利的保护期限

发明专利权自申请日起20年，申请日起第3年前缴交第一次专利维持费，以后逐年缴交；外观设计专利保护期自申请日起25年，申请日起每5年缴纳一次专利维持费。

（三）日本专利的类型及专利保护期限

1. 日本专利的类型

日本专利包括发明（称作特许）、实用新型和外观设计三种类型。

日本发明专利是指针对产品技术结构、方法、工艺流程或工艺参数改进所提出的新的技术方案。

日本实用新型专利是指针对产品的形状、构造或者其结合技术特征改进提出的适于实用的新的技术方案。

日本外观设计专利是指针对产品的形状、图案或者其结合以及色彩与形状、图案的结合所作出的富有美感并适于工业应用的新设计。

2. 日本专利的保护期限

日本发明专利的有效期为自申请日起20年，医药品和农药发明专利的有效期可申请延长，但不得超过5年；日本实用新型专利一般自申请日起10年；日本外观设计专利自注册日起20年。

（四）韩国专利的类型及专利保护期限

1. 韩国专利的类型

韩国专利主要包括发明、实用新型、外观设计专利。发明是指利用自然法则对产品、方法或者其改进所提出的具有高水准的新技术方案；实用新型是指对产品的形状、构造或者其结合所提出的适于实用的新技术方案；外观设计是指对产品的形状、图案、色彩或其结合所作出的富有美感的设计。

2. 韩国专利的保护期限

发明专利自从申请日 (或国际申请日) 起算 20 年。关于农药或医药，在一定条件下可以延长保护，最多延长 5 年；实用新型专利自申请日 (或国际申请日) 起算 10 年；外观设计专利自注册日起 15 年。

第二节 失效专利资源研究背景

一、中国整体技术水平落后于发达国家

中国现代化战略研究课题组2005年2月份发表的研究报告指出，中国仍然属于经济欠发达国家，到2050年，中国将成为世界中等发达国家，综合经济水平相当于2002年美国的水平，进入世界前40名；然后再用50年，进入世界前10名。[1]

虽然中国保持了30多年的高速增长，使经济实力和人民生活都有了显著提高。但是中国科学技术发展的总体水平还相对落后，创新氛围不容乐观，原始创新和系统集成创新能力还不够强，科学生产关系与科技生产力发展的矛盾依然突出。部分学者也认为中国在技术上落后与发达国家，例如白春礼认为，无论是从技术对外依存度、国际专利获得比例，还是科技进步对经济的贡献率等方面来看，我们在整体水平上尚落后于发达国家15年到20年。[2] 更有材料表明：中国农业装备综合技术落后世界30年；中国半导体设备落后世界水平近10年；中国刀具技术水平比发达国家落后近20年等。

从中我们可以发现中国与发达国家部分领域有超过20年左右的差距，而20年可以说是专利可以维持的最大期限，超过20年的专利都是失效专利。所以可以预见发达国家的部分失效专利可以适应中国当前的经济发展形势、技术要求，可以应用这些失效专利进行技术研发、市场化，进而可以更好地进行技术创新和产品创新。另外，专利主要保护的内容并不能直接从中发现其市场应用价值，而且由于专利维持的时间越长可以认为专利的价值越高，从而一般国家的专利制度

---

[1] 《中国离发达国家有多远 2050年可望进世界前40名》，瞭望新闻周刊 [2009-10-11]

[2] 《中国整体科技实力落后发达国家15到20年左右》，新华网 [2009-10-12]。

都要求专利年费逐年上涨，基于对专利市场价值认识的不足和费用压力等原因，部分可能具有市场价值的专利会提前失效成为失效专利。

二、失效专利资源数量庞大

虽然失效专利从某种程度上来说是可以免费应用的技术结晶，但是由于专利知识本身的普及程度和对失效专利的理解的不足，导致社会对失效专利有很多的偏见，比如：失效专利是完全失效的没有技术含量的，失效专利没有价值等。而事实上失效专利是专利信息中的一部分，以专利信息所包含的法律性中的保护性质消失为代表的一系列数量庞大的信息集合。中国的专利保护分为发明专利、实用新型专利和外观设计专利三种类型。根据 2012 年 2 月专利检索数据库记载，中国三种专利总量达到 630 余万件，失效专利总量为 253 万余件，失效专利总量占三种专利总量的 40.15%。其中发明公开专利 234 万多件，发明授权专利 89 万余件，发明授权专利占发明公开专利的 38%；发明失效专利 72 万余件，发明失效专利占发明公开专利的 31%。实用新型专利 214 万余件，实用新型失效专利 97 万余件，实用新型失效专利占实用新型专利的 45.3%。外观设计专利 175 万余件，外观设计失效专利 83 万余件，外观设计失效专利占外观设计专利的 47.4%。[1]

在全球 5000 余万件专利总量中，只有 62 余万件在中国有效，其余 4938 多万件专利不受中国法律保护，可以为中国免费使用。可见失效专利信息总量之大。另外，据日本特许厅统计，1973 年公告的日本专利，只有 20.6% 能维持到保护期终止的 1988 年。美国 1983 年、1984 年批准的发明专利分别为 56944 件、67332 件。到 1997 年 8 月底提前失效的分别为 27875 件、36148 件，分别占当年批准量的 49%、54%。[2]

以医药专利为例，据著名医药市场分析公司 Data monitor 公司的数据显示，到 2016 年将有销售额约 1400 亿美元的药物失去专利保护。2011 － 2012 年失去

---

❶ 臧瑾：《专利法律状态及其重要性》，经营管理者，2013 年 08 期，国家知识产权局专利检索咨询中心。

❷ 凌秀美、李雯：《失效专利的获取与利用》，高校图书馆工作，2007 年 02 期，湖南大学出版。

专利保护的专利药数量和价值达到了峰值，被业界认为是专利药物的灾难年，全球最畅销的几个品牌专利都面临过期，包括辉瑞 (Pfizer) 的 Lipitor、葛兰素史克 (Glaxo Smith Kline，GSK) 的 Advair、阿斯利康 (Astra Zeneca) 的 Seroquel 以及赛诺菲 - 安万特 (Sanofi-Aventis) 联合百时美施贵宝 (Bristol-Myers SquibbCo，BMY) 上市的 Plavix。

福建省经贸委有关人士介绍，由于人口老年化加速、医保体系不断完善以及居民支付能力增强，医药消费将持续快速增长。目前中国已成为全球第三大药品市场，预计到 2020 年将超过日本成为仅次于美国的全球第二大药品市场。与此同时，全球将有 130 多个专利药物专利陆续到期，总销售额在 1000 亿美元以上，其中一些品种的临床应用短期内很难有新品种替代，这将为通用名药释放很大的市场空间。❶

三、有效利用失效专利资源的作用

由于中国整体科学技术水平与发达国家的差距及中国现阶段的经济发展形势，应该重视失效专利的应用，因为失效专利作为一种廉价的信息资源有巨大的作用。

第一，直接将失效专利转化为生产力。

由于失效专利将有关的技术细节一一罗列，因此只需按部就班就可生产出原型产品，这将省去一笔可观的专利转让费用，特别是对于资金不充裕的投资者尤为适合。对于一项成熟的专利，通过失效专利文献提供的技术内容，按图索骥就能直接生产出产品，产生经济效益。如青岛某器材厂欲投资 20 万元购买一项“铝制品焊接助剂”的专利技术，但技术人员在专利文献库检索时，发现此项专利早已过期，只需缴纳 50 元查询费便可获得该项专利的全部信息。该厂不仅按照该资料开发出新产品，还迅速推向市场，获得了丰厚的回报。

第二，通过失效专利了解市场动态。

❶ 《五年内全球将有 130 多个专利药物专利到期》，中国知识产权网 [2013-1-31]。

专利一般在10年至20年之后才成为失效专利，在这段时间里可显示出这个项目的技术分布、市场走向，对于投资者今后的投资取舍，将具参考价值。

第三，对于失效专利进行二次开发。

由于专利到了失效的阶段，其技术的应用可能已经非常成熟，市场环境明朗，所以投资者无须自己从头研究，便可以站在更高的起点发明创造，利用失效专利提供的技术支持，开发出更具实用性和前瞻性的专利。例如，1972年，美国的风险投资家费莱·瓦尔丁在美国专利局查阅到一份微电脑技术方面的失效专利。经过冷静分析，他与人合伙投资50万美元成立了一家微电脑公司。经过谨慎经营，10年内公司销售额就达到1500万美元。此后几年不断发展，成为全美颇有影响的高技术企业，这就是世界闻名的美国苹果电脑公司。

第四，作为分析专利价值的工具。

由于专利凝结了发明者的智慧，因此一般专利发明人对于专利都会报出一个非常高的价格，如何才能评估这种无形价值呢？及时检索有关的失效专利无疑是最好的办法之一，将对方专利的细节与有关失效专利的细节进行比较，分析出这项专利的市场价值，就可以得出一个令双方都信服的价格。如上海耀华玻璃厂与英国皮尔金顿玻璃有限公司谈判引进浮法玻璃生产技术项目时，对方提出要2500万英镑的“专利入门费”。我方经专利文献检索后，发现该公司围绕此项技术项目申请的专利共137件，其中已失效专利51件，占37.4%。由于我方掌握了确凿的事实，在谈判中取得了主动，在事实面前，英方不得不把“专利入门费”降为52.5万英镑，从而避免了2400多万英镑的损失。此外，将现有专利与失效专利的技术方案进行比较，分析失效专利与现有专利技术的可替代性，及现有专利的技术市场价值，也是降低专利转让与专利许可贸易费用的重要手段。

第三节 中国失效专利的研究及利用现状

1995年一些期刊文章开始有对失效专利的提及，但是直到1998年12月，知识产权出版社的《中国失效专利数据库》光盘和相关书籍出版，“失效专利”这个名词才正式成为公众所知，中国失效专利的研究才逐渐开展起来。

2007年6月22日，“北京市重点产业知识产权联盟成立暨基于公知公用非中国专利技术消化吸收再创新工程启动仪式”在北京举行，昭示着“公知公用”专利技术成为关注热点。“公知公用”专利技术是对某些特定的专利技术的统称，这类专利或是没有在中国申请，或是已经过了有效期，不受中国法律保护，可以在符合世界贸易组织(WTO)规则的情况下免费使用。

以大型跨国公司在美国和中国专利申请量为例，二者之比为：惠普公司24∶1、英特尔26∶1、IBM13∶1、NEC6∶1、东芝公司4∶1、索尼2.5∶1等。对中国企业来讲，这些专利都是失效专利。挖掘和利用这些不受中国保护的“公知公用”专利技术对企业自主创新力量的提升和国家科技创新体系的建设有巨大的促进作用。在发达国家，“公知公用”专利技术得到了学术界和产业界的广泛关注和大力推广，并产生了良好的经济效益和社会效益。但由于认识不足和体制障碍等原因，在中国针对“公知公用”专利技术的研究很少，更没有做到有效的开发利用“公知公用”专利技术资源。❶

造成失效专利研究少、利用率低主要有三方面的原因：首先是认识上的偏颇。大多数人认为，只要使用专利就需要支付相当高的使用费；另外在相当一些人的头脑中存在着对失效专利技术含量低而且使用率不高的错误认识，所以实施失效专利的积极性不高；其次，失效专利的宣传力度不大，人们还不了解它的开发应

❶ 冯峰、高娟：《“公知公用”专利技术推广应用——以失效专利技术推广为例》，图书情报论坛，2008年03期，中国科学技术大学管理学院。

用价值；最后，鉴于中国失效专利资源诞生较晚，由此催生的一些优秀失效专利开发利用的方法，局限于研究的时间和空间，还未能形成较为具体和完善的评价体系、价值开发参考方法与案例分析。就失效专利研究和利用的现状来看，仅有少数来自不同领域部门的研究者对其进行了研究，研究深度和广度都不够，而事实上，失效专利的价值开发及有效利用是一项工作量大、涉及知识面很广的研究工作，中国在这方面还没有形成系统的研究和利用。[1]

[1] 李华：《失效专利的价值开发》，武汉大学硕士学位论文，2004年。

第四节　国外失效专利的研究及利用现状

在美国等发达国家，由于专利制度确立较早，失效专利的产生时间就很早，同时累计到现今数量更是巨大。

1790年，美国国会通过了首部专利法。从美国专利商标局专利数据库可以检索到从1790年到今天的专利信息。失效专利并不是真正的失效、无效，其包含的技术信息部分由于没有得到应用随着时代的发展消失了，但是更有一部分成为现代工业的基础，比如轮胎制作的基础技术“橡胶硫化”，是查尔斯固特异在美国于1844年取得的专利，这个已经“失效”百年的专利现在还发挥着积极的作用，固特异也是现代汽车工业的品牌。

随着对市场认识的加深，信息分析和信息应用技术的广泛使用，在失效专利的利用上大有作为。磁带录音机是由荷兰飞利浦公司发明的，该公司先后将多国专利都主动放弃，因为公司认为此时录音机产业没有市场，而日本人认识到录音机的市场潜力随即利用失效专利战略，使用相关技术，先后开发出品质不一的各式录音机，受到消费者普遍欢迎，因而获得了巨大的经济利益。

在2006年澳大利亚联邦议会通过了知识产权法修正案为到期专利的利用提供了新的跳板，为其本国企业使用失效专利打开方便之门。然而发达国家的技术发展是按照其本身用户和企业的实际需要，以某种形式连续不断的发展，很少有某种超越很多年的技术申请为专利，而申请为专利的这种技术也不会简单成为失效专利，另外由于发达国家市场化程度高，信息思维普及，深入挖掘专利信息是一种普遍现象，所以针对失效专利的研究很少，而直接研究专利价值和专利应用却比较多。

第二章 失效专利概述

第一节 失效专利的概念

一、失效专利的定义

中国《专利法》及其实施细则规定：专利发明一旦失去了专利保护成为社会共同财富，任何人和任何单位不需原专利权人的同意都可以无偿运用该技术，生产该产品，创造巨大财富。

对于失效专利，部分人认为其就是“失效的”没有效用的，但实际上这个“失效”是指法律上的含义，针对的是专利权及专利申请权，即失去了法律保护的专利。对专利所包含的法律性、技术性、市场性而言，失效专利只是失去了专利中的法律性的一部分，其他部分例如技术信息并不一定失效。可见，失效专利并不是失去效用的专利，而是对一类具有特殊属性专利的概括。

那么失效专利应该如何定义呢？中国的法律并没有相关的规定或说明，但从国内学者对失效专利的研究中可以发现，大部分学者认同从法律层面上定义失效专利，即因为各种原因失去专利权和专利申请权的专利。[1] 还有部分学者认为应该缩小范围，失效专利只是到期专利及放弃专利权的专利。[2]

也有学者从不同研究领域对失效专利进行定义，如韩兵兵认为失效专利从专利信息角度应该定义为：专利的法律信息属性中的独占性已经消失，成为了公知技术，这种专利为失效专利。

另外，从失效专利的英文表达方式上也可以对失效专利的定义进行分析，国内大部分学者对失效专利的英文表达为：Invalid Patent，例如湖南大学的凌美秀，中国医药大学图书馆的顾东蕾、木林森等；还有表达为 DisabledPatent，例如南京中医药大学图书馆的刘洪；另外还有 Expired Patent 等英文表达方式。上面这 3 种英文解释都没有确切地描述失效专利的真正含义。Invalid 和 Disabled 都是指无用，没有效用的，无法使用等意思，与 Patent 组成词组只是一种直译没有体现其实际含义，而 Expired 是过期的意思，过期的专利只是失效专利的一种，不能以偏概全，所以上面 3 种英文表达方式都不准确。在这里作者采用了，英国知识产权局在其网站上提供的网上专利数据库所包含的 NIF 数据库的一种提法：Parents Notin Force，即不受法律保护的专利。

失效专利应该包括失去专利权的专利和失去专利申请权的专利。

从严格意义上讲，失效专利是指曾经受到专利保护但现已失去专利保护的技术。即超过专利保护期或者因专利权人在获得专利权后未按时缴纳年费，由于各种原因自动撤销或被宣告无效理由成立等而失去专利权的专利，以及在专利生效地域之外，不受专利法保护的专利。

就广义而言，失效专利既包括上述内容，也包括失效的专利申请，即自专利申请公布后，在审批过程中发明人主动撤回或被国家知识产权局依法驳回或认定发明人已撤回的专利申请。

---

❶ 顾东蕾：《药品失效专利信息及其检索》，中国新药杂志，2007 年 24 期，中国药科大 学图书馆。

❷ 杨海：《论中国企业对国外失效专利的利用》，生产力研究，2006 年第 5 期，华中师 范大学经济学院。

二、失效专利的特点

从法律角度讲，失效专利已经失去了保护，公众可以无偿地使用失效专利。这类专利虽然不受法律保护，但从技术角度讲，很多失效专利仍然具有相当高的价值，而且这种价值既可以直接利用，也可以再改良、再开发利用，而且失效专利一般都具有很高的可行性。

（一）失效专利使用的无偿性

技术保护主要通过申请专利及保留技术秘密来实现，即专利技术和专有技术(know-how)。而获得这两种技术都必须花费一定的代价。通常，专利使用并非是无偿的，使用者需要支持价格不菲的专利使用费或入门费，否则使用者将承担侵权的风险。专利是广大科技工作者劳动智慧的结晶，蕴含着丰富、专业的知识信息。

但“失效专利”对任何单位或个人而言可以无偿地使用之，由此获得经济效益。专利权作为工业产权之一，是专利局授予发明人、设计人对其发明创造享有的专有权。专利权是一种财产权，具有排他性，任何单位或个人未经专利权人的许可不得实施其专利。“失效专利”则丧失了这种权利，即失去了专利法对其的保护，任何单位或个人都可以无偿地使用，是一个不用支付任何费用且内容丰富的智慧宝库。

（二）失效专利蕴含使用价值

顾名思义，“失效专利”就是失去了法律保护而无效的专利。对于失效专利资源，给人的第一感觉往往是无效、没有价值的专利。其实不然，专利作为科学技术创新的产物是人类集体智慧的结晶，虽然失去了法律的保护，其使用价值不一定全部消失。尤其对于前述第一种和第四种原因而丧失专利权的失效专利资源，其具备较高的使用价值。在制药行业中的专利到期药品就是一个很好的证明，一些“重磅炸弹”药品（年销售额超过 10 亿美元的药品），虽然专利到期，但其在市场上依然占据很高的份额，是各大药厂争相开发的重要资源。因此，应纠正失效专利就是失去价值的专利的错误认识，充分有效地利用失效——谈企业全球化对失效专利信息的利用专利资源。

(三)失效专利使用价值的多样性

对失效专利资源的应用，除了对其继续使用外，我们可以通过对失效专利技术的再设计、再开发，产生改良的专利技术，也可以利用失效的专利资源进行新的开发研究，开发出比原来更先进的新技术，这样不仅能节约大量的资源，而且可以提高研发的起点，站在巨人的肩膀上，进行更高层次的研究。因此，根据应用目的的不同，对失效专利资源可以发挥不同的价值功效。比如，在专利许可证贸易中，有一种方式，原发明的专利权人与改进该发明的专利权人之间需要达成协议，因为改进者是在原发明基础上进行的改进，改进者在实施中(包括自己实施与技术转让)，须向原发明者支付一定的专利技术使用费。举个例子：假设现在还没有盛水的杯子，A 发明了杯子，B 对 A 的杯子进行了改进，加了个手柄，加了手柄的杯子将使杯子的功能更加完善，方便打水，杯子盛热水时不怕烫手。但是，手柄不可能脱离杯子单独存在，否则，将失去手柄的功能，就是说，B 改进 A 的发明而作出一项新的发明，不可能脱离 A 的发明，若是 A 的发明成为“失效专利”，B 改进后并在实施过程中，则无须向 A 支付专利使用费。

(四)失效专利应用的可行性高

失效专利一般都是成熟的技术。一般因专利期满而失效的专利，都是因为有较好的市场效益，较高的应用价值，专利权人才会连续不断地去缴纳持续上升的专利费用。因此，失效专利在应用上具有可行性高的特点，开发后较易被市场认可，可以提高科研效率，避免人力、财力、物力的浪费。

第二节　失效专利产生的原因

所谓失效专利，泛指因法律规定的各种原因而失去专利权、不再受专利法律保护的专利，但这并不等于这些专利失去了使用价值，它们的技术含量和市场价值仍然很高。只要了解了失效专利的成因，就会有的放矢地利用这些专利进行产品的技术开发和创新。专利失效的产生，主要由以下两种因素造成：

第一，因地域性而失效的专利。专利具有地域性。根据《世界保护工业产权巴黎公约》中的专利一国独立原则，如果国外专利在 12 个月内没有在中国申请专利保护，那么就永远无法在中国申请相同的专利。目前，一些知名企业在美国和中国申请的专利数量之比如下：如美国 IBM 公司 30∶1、日本惠普公司 10∶1、日本东芝公司 4∶1、韩国三星电子集团 2∶1、索尼 2∶1 等。对中国企业来讲，这些专利都是失效专利，也就是说，国外企业研发的成果，大多数中国企业都可以免费使用，是可以使用的宝贵资源，利用这类失效专利生产的产品只要不出口到专利保护国家，就不会构成侵权。

第二，因时间性而失效的专利。专利除地域性之外，另一个主要特点是时间性。因时间性失去专利权的情况除保护期届满外，常见的情况还有：(1) 正式授权之前放弃。这类专利由于在提交申请时已经提交了专利说明书、附图等文件，并已对专利技术进行了公开，他人可加以参考利用这些构思和技术，并不对其构成侵权；(2) 专利权人未按规定缴纳年费；(3) 专利权人身故且无合法的继承人；(4) 专利权人自动放弃专利权：因专利权人没有能力开发，或者专利技术已经不具备利用价值而不愿意为之承担义务而放弃。[❶]

专利之所以失效除了地域性和时间性的限制之外，还包含着很多的客观因素，

---

❶　黄晓莉、佟春杰：《模仿创新与失效专利的利用》，科技成果纵横，2012 年 05 期，辽宁省科学技术情报研究所。

比如企业的经济实力、开发研发能力、对专利的保护意识薄弱以及对中国及各国专利制度法规的认识不足等等。纵观各种造成专利失效的原因，主要包括以下五类原因。

一、保护期限届满而失去专利权

专利具有时间性。所谓的时间性是指各国专利法规定了专利保护期，在规定的期限届满之后，专利权人不再享有独占权，专利失效成为公共知识。专利权的时间性，因保护期限届满而丧失专利权是造成专利失效的最直接原因。

专利维持期限达到了《专利法》的规定期限之后成为失效专利。中国1984年颁布的《专利法》规定：自专利申请日起，发明专利保护期限为15年，实用新型和外观设计专利保护期限均为5年，但可申请延期3年。1993年1月1日起生效的修改后的《专利法》规定：自专利申请日起，发明专利的保护期限为20年，实用新型和外观设计的保护期限均为10年。自1985年中国《专利法》实施以来，中国大部分专利已过了期限而成为失效专利。

在其他国家，专利虽然同样具有有效期，但是不同的国家因为国情不同，所制定的专利制度并不一定相同，所以专利的保护时间也不相同。在不同国家，专利保护期从10年到20年不等，例如日本的新型专利(实用新型)保护期为申请日起6年；美国的新式样专利(Design patent)有最长14年的保护期。美国、加拿大等国家专利法规定发明专利的保护期是17年，英、德、法等国专利法规定发明专利的保护期是20年。大多数国家的保护期是从专利申请案提交专利局之日起计算，如英、德、法等国；少数国家则从专利证颁发之日起计算，如美国、加拿大等；还有少数国家从公布专利申请案之日起计算，如日本。中国《专利法》则规定："发明专利权的期限为20年，实用新型专利权和外观设计专利权的期限为10年，均自申请日起计算。"

专利权期限的规定源于平衡发明者与社会利益的考虑，专利制度的立法本意在于促进技术革新，推动社会进步。但技术革新是需要成本的，若发明人的付出得不到回报，势必打击其创新积极性，大家都产生“搭便车”的心理，最终必然影响技术进步和革新。因此法律一方面赋予发明人对专利拥有专有权，另一方面又对专有权规定了一定期限。所以，任何一项专利都会成为失效专利，不论其使用价值是否用尽。[1]

二、专利保护期限未满而丧失专利权

专利在保护期限内也可能丧失专有权，具体而言是指经中国知识产权局批准授权的发明创造在受保护的期限内丧失了专利权。根据中国专利法的有关规定，专利权在保护期限内丧失专有权，主要由以下四种原因造成。

（一）专利权人未按规定缴纳专利维持费，专利权在期限届满前终止

专利年费，又称专利维持费，是指专利权人为维持专利权的效力，自授予专利权当年起，向专利主管机关缴纳的费用。缴纳专利维持费是专利权人依法应尽的义务，专利维持费的设置主要是出于两方面的考虑：一是为了维持专利权。国家专利主管机关在接受专利申请、审批、管理和维权等日常业务工作中，除了大多由国家财政负担费用外，专利权人也应当承担一部分。二是以年费作为经济杠杆，促进专利权人实施和推广应用专利技术。

专利维持费属于定期交费，每隔一定时间，如自专利批准之时起每几年或每年缴纳一次，每年缴纳一次的维持费也称为年费。世界上大多数国家都规定专利权人必须履行缴纳维持费的义务，并规定无正当理由不按时缴纳维持费的视为自动放弃专利权。在中国发明专利按年缴纳专利费用，随着时间的推移，专利费用也逐年增长。发明专利 1 － 3 年需缴纳的专利费用为 900 元 / 年；4 － 6 年为 1200 元 / 年；7 － 9 年为 2000 元 / 年；10 － 12 年为 4000 元 / 年；13 － 15 年为 6000 元 / 年；16 － 20 年为 8000 元 / 年。自专利申请后，每年的专利申请日前一个月为缴纳当年专利年费时间，如不按期缴纳年费，会有 6 个月的滞纳期，6 个月后仍未缴纳，专利局会向专利申请人发出“权利终止通知书”，两个半月或

---

[1] 符颖：《论失效专利的开发与利用策略》，研究与发展管理，2005 年 03 期，中国交通 大学科技处。

75天后仍未交费的则视为自动放弃专利权，成为失效专利。

现在的问题是该项技术先进，甚至具有超前性，未来的市场前景十分广阔，潜在的效益难以估量，但目前尚不具备实施的条件。或者是因为该项专利是非职务发明，专利权人鉴于自身人力、物力、财力有限，自己实施确有难度；而又不想转让；又找不到合作伙伴共同实施；又交不起逐年递增的昂贵的年费而最终导致专利权在期满前终止，成为失效专利。这种专利技术比较先进，具有较高的开发利用价值。

	年费标准	减缓比例	应缴数额
1. 发明专利			
1－3年	900*	非职务85% 职务70%	135 270
4－6年	1200*	非职务85% 职务70%	180 360
7－9年	2000*	非职务85% 职务70%	300 600
10－12年	4000		
13－15年	6000		
16－20年	8000		
2. 实用新型专利			
1－3年	600*	非职务85% 职务70%	90 180
4－5年	900*	非职务85% 职务70%	135 270
6－8年	1200		
9－10年	2000		
3. 外观设计专利			
1－3年	600*	非职务85% 职务70%	90 180
4－5年	900*	非职务85% 职务70%	135 270
6－8年	1200		
9－10年	2000		

图1 专利年费收费标准与减缓比例

（带*号的可以减缓，对确有困难的职务发明（单位）和非职务发明（个人）的收费实行部分减缓）

（二）专利权人以书面形式声明放弃其专利权，专利权在期满前终止

放弃权是专利权人依法享有的一种权利。专利权人以书面声明放弃专利权是一种积极的方式，该专利技术从此成为失效专利进入公有领域，任何人都可以自由、无偿使用。专利权人之所以发表书面声明放弃专利权，是因为当今时代，科学技术日新月异，新技术、新产品层出不穷，知识更新、技术代谢速度加快，原先的技术被更新的技术所取代而面临即将淘汰所致。如某一研究所研制成功并申请了一项实用新型专利“烧伤治疗仪”，并获授权。但后来该研究所又有创新，时过2年又申请了“一种烧、烫伤治疗仪”，并向国家知识产权局递交了一份书面声明，放弃原实用新型“烧伤治疗仪”专利权，从而使其成为失效专利。由此可见，专利权人以书面声明放弃其专利权的技术是一种即将被替代或被淘汰的技术，无多大的开发利用价值。

有资料表明，在英国，专利权维持到第10年的不足50%，维持到届满者仅占18%；在法国，维持到第10年的约25%，维持到届满者仅5%；德国专利权平均寿命为9年，维持届满者仅占4%。一般来说只有那些有实施前景的才可能维持足够的专利权时间，但是实际上因为专利权人的自身的原因或者专利本身实施难度的原因或者市场的原因，专利权人可能会提前放弃对所取得专利权，这些专利成为了失效专利。

（三）专利的撤消及无效，专利权在期满前被撤消和宣告无效

专利权的撤消是指在专利权授予后的一定时期内，国家知识产权局根据申请人的请求，依法撤消该专利权的活动。专利法第41条规定：“自公告授予专利权之日起6个月内，任何单位或者个人认为该专利权的授予不符合本法有关规定的，都可以请求撤消该专利权。”专利法实施细则第55条规定，指出撤消的理由是：授予专利权的发明或实用新型不符合专利“三性”(新颖性、创造性和实用性)要求；授予专利权的外观设计不符合专利法规定的外观设计专利授权条件。专利因撤销而成为失效专利。

专利权的无效是指对已授予的专利权，因不符合专利法的规定，由专利复审

委员会宣告其不具有法律约束力的活动。专利法第48条规定："自授予专利权之日起满6个月后，任何单位或者个人认为专利权的授予不符合本法有关规定的，都可以请求专利复审委员会宣告该专利权无效。"请求宣告专利权无效的理由是：该发明、实用新型不符合"三性"要求；该外观设计不符合法定要求；说明书公开不充分，权利要求书得不到说明书的支持；申请文件的修改超出原说明书和权利要求书记载的范围或图片；照片表示的范围不符合在先申请原则等，因而成为失效专利。

由此可见，上述被撤销和审查宣告无效的专利主要是自身不具备授权条件，发明专利申请在实质审查过程中疏漏了不能授权的条件，实用新型专利申请未进行实质审查所致，最后沦为失效专利。这类专利有一定的开发利用价值，但易与某些有效专利产生知识产权纠纷。

（四）专利权人自然死亡且无合法正当继承人继承其合法财产的，该专利权亦自行终止。如果专利权人是自然人，专利权人身故后又无正当继承人的该专利权就自行终止。

三、已申请但最终未获得授权的申请专利

（一）专利申请文件不符合初审要求

专利申请人申请发明或实用新型专利时必须递交：请求书、说明书、权利要求书、附图和摘要等5份文件。国家知识产权局在受理专利申请后，就要对其进行初步审查或者叫形式审查。主要包括：申请手续是否完备、文件是否齐全、著录是否符合专利法规定、申请人的身份是否符合专利法要求、发明主题是否属于专利保护范围、是否已缴纳申请费等。上述各项若有不符合要求，则要求申请人在指定的期限内补正。申请人期满未补正的，其申请视为撤回。补正后仍不符合专利法要求的，则被驳回。无论是"视为撤回"还是"被驳回"的申请专利都是一种失效专利。之所以"失效"，主要是著录格式、申请人的身份等几个项目中，可能有某一项不符合要求所致。初审不涉及申请内容，因而这种失效专利大多可

以参考利用，具有一定的应用价值。

（二）专利申请人在申请公布后撤回或放弃

在这种情况下，专利申请人已申请了专利，当专利局作出授予专利权的决定时，专利申请人因为一些原因没有继续相关程序从而无法获得专利权，因而成为失效专利，比如未缴纳专利证书费与年费。中国专利法实行“早期公开、延迟审查”制度。就发明专利申请流程来说，国家知识产权局经初步审查后认定发明专利申请符合专利法规定，自申请日起满 18 个月，即行公布申请人的发明，将申请内容(说明书摘要)通过《发明专利公报》发表，同时出版发明专利申请请求书。在专利申请公布后，不能立即自动进入实质审查程序，而是由申请人决定在法定期间内是否请求实质审查。在此期间，如果申请人不请求实质审查，则视该申请予以撤回；如果申请人在申请公布后撤回或放弃进入实质审查程序，或初审未能通过，则说明该项专利申请内容还存在诸多问题，成为失效专利。这是因为发明专利申请文件经初审合格，但并不意味着该申请最终必然授权，它仅仅说明该申请的内容与形式符合专利申请的条件，并不说明该申请的内容符合授权条件。这类失效专利有一定开发价值，但若稍不注意，易引起知识产权纠纷，故在开发利用时，务必先进行查新，待确证无误后，才予以考虑。

（三）无正当理由拒不递交国外申请材料，视该申请为撤回

发明专利已在外国提出过申请的，申请人请求实质审查时，应当递交该国为审查申请进行检索的资料或者审查结果的资料。这主要指《巴黎公约》成员国在中国再次申请专利保护所享受的“优先权”原则而言。所谓“优先权”是指《巴黎公约》成员国的国民就发明创造向某个缔约国首次提出申请专利后，可在一定期限内，向所有其他缔约国申请专利保护，并以第一次申请的日期作为在后提出申请的日期。显然，优先权的确定可以使申请人在最先申请日后提出的所有相同申请中享有优先权地位，且这种地位不因那些在最先申请日之后通过的可能损害申请人权利的法案受到影响。如果申请人无正当理由拒不递交国外申请材料，则该申请被视为撤回，该项专利申请对于中国来讲，就是失效专利。由于这类申请

有的在国外可能已被授权，科技含量较高，中国专利法不保护这类国外专利，国民尽管放心大胆使用，而不必担心引起知识产权纠纷。

（四）专利申请人无正当理由逾期不复，视该申请为撤回

发明专利申请自申请日起3年内，国家知识产权局可以根据申请人随时提出的请求对其进行实质审查或知识产权局认为有必要而自行对发明专利申请进行实质审查，其目的在于确定发明专利申请是否符合专利法及实施细则的规定，特别是有关“新颖性、创造性和实用性”的规定。审查的重点是说明书是否公开了请求保护的申请主题；权利要求是否表述了一个达到发明目的的完整技术方案；以及该技术方案是否具备专利性等。国家知识产权局对发明专利进行实质审查后认为不符合专利法规定的，则通知申请人，要求在指定的期限内陈述意见，或者对申请进行修改。申请人无正当理由逾期不答复的，则视该申请为撤回，由此成为失效专利。这类专利申请已通过初审，但在实质审查被发现问题，申请人无正当理由而逾期不复，因而该申请案的专利性值得怀疑，应谨慎使用，防止出现纠纷现象。

（五）被驳回的不符合专利法规定的发明专利申请案

发明专利申请人按照知识产权局的要求，在指定的期限内对自己递交的申请案陈述了意见，并按照专利法的规定进行了修改。然而，知识产权局仍然认为申请人的陈述和修改还是不符合专利法的规定，因而申请案被驳回。这种情况一般是由于发明专利申请过程中因违反申请程序、技术本身不符合授权条件、申请文件内容书写不符合规定等原因而丧失授权，成为失效专利。对这类失效专利一定要真正搞清楚未能授权的原因再作选择。对违反申请程序和技术本身不符合授权条件而未能通过实质审查的申请专利尽量不要利用，而申请文件内容书写技术问题而丧失专利权的申请专利有较高的技术含量和应用价值，应多加开发利用。

四、未在中国申请专利而丧失在华专利权的国外专利

专利权具有地域性。所谓地域性就是指一国授予的专利权只能在该国法律管

辖的领域内得到支持与保护，任何国家都没有保护外国的专利权的义务。根据《世界保护工业产权巴黎公约》的“专利一国独立原则”，国外专利如果未在一年内在中国申请专利保护，就丧失优先权，在经过国际优先权公示以后就丧失了再申请的新颖性，而且由于没有在中国进行申请，不受中国专利法保护。

中国企业虽然自主研发能力不足，但一样可利用不受中国法律保护的国外先进专利技术，跟上世界潮流。当前，全世界每年专利的申请量达到100多万件，其中基本专利约为50万件左右，而在中国申请的外国专利占一定比重。据有关统计表明，从1985年4月1日至2001年11月底，外国来华申请专利的累计量达到228万件，这是由于中国实行专利制度为引进大量外国先进技术创造了有利的法律环境所致。但不可否认的是，尚有相当多的国外发明创造并未在中国申请专利，这对于中国来说，是一种失效专利。另外根据《保护工业产权巴黎公约》的规定，国外的发明创造首次在他国申请专利后，如果于12个月内未来中国提出申请，即在中国丧失了申请的优先权，成为中国范围内的失效专利。这些国外专利都经过了科学审查，技术可靠可行，实用价值高，其整体水平高于中国的有效专利，但因大部分未在中国申请专利自然不受中国法律保护，成为失效专利。为此，根据专利具有“地域性”的特征，无偿地使用国外先进技术是发展本国经济，加快现代化建设的最佳途径。

但必须注意一点，即在判断国外专利是否在中国享有专利权时必须查明这些专利是否享有优先权，是否在优先权期间内。根据《巴黎公约》的规定，在一成员国首次提出专利申请后的一定期限内，又在其他成员国就同一内容的发明创造提出专利申请的，可将其首次申请日作为其后续申请的申请日。这种将后续申请的申请日提前至首次申请的申请日的权利就是优先权。优先权的意义在于，一是在优先期内，发明创造不因任何将该发明创造公诸于世的行为而丧失新颖性，二是可以排除他人在优先日后就同样的发明创造提出专利申请。[1]

对于同一权利客体，可以先后受到多种权利的保护。依权利产生的先后顺序，

---

[1] 刘春田：《知识产权法》，第171页，高等教育出版社，北京大学出版社，2000年版。

可称之为在先权利或在后权利。在先权利和在后权利的主体可以是同一主体，也可以是两个或两个以上不同的主体。如一件美术作品，自作品创造完成之日起，作者就享有著作权，若就这件美术作品再申请外观设计或作为商标标识进行商标注册，由此产生的外观设计专利权或商标权就是在后权利。《专利法》第二十三条规定："授予专利权的外观设计，应当同申请日以前在国内外出版物上公开发表过或者国内外公开使用过的外观设计不相同和不相近似，并不得与他人在先取得的合法权利相冲突。"《专利法》第二十九条第一款对此进行了规定："申请人自发明或者实用新型在外国第一次提出专利申请之日起十二个月内，或者自外观设计在外国第一次提出专利申请之日起六个月内，又在中国就相同主题提出专利申请的，依照该外国同中国签订的协议或者共同参加的国际条约，或者依照相互承认优先权的原则，可以享有优先权。"其第三十条规定："申请人要求优先权的，应当在申请的时候提出书面声明，并且在三个月内提交第一次提出的专利申请文件的副本；未提出书面声明或者逾期提交专利申请文件副本的，视为未要求优先权。"

五、未向国家知识产权局提出申请专利的发明创造

在人类进入知识经济时代的新世纪，尤其是在中国加入 WTO 的大背景下，无论是国际还是国内对专利和知识产权都表现得尤为重视。一项新技术产生后，并不代表创造者就占有这项技术，必须依法获得相应的权利才是占有，如申请专利取得法律保护，才是真正意义上的占有。然而，中国公众的专利和知识产权意识薄弱，观念陈旧，认识存在误区，认为研制出了科技成果，通过了技术鉴定，发表了论文，获得了成果奖励，就拥有了自主知识产权。事实上没有提出专利申请并获授权的发明创造不受法律保护，在某种意义上讲也是一种失效专利。中国大量的含某些高新技术的科研成果只注重工作总结、发表论文、申报评奖而不申请专利保护，等于公开技术秘密，将自己辛辛苦苦研制出来的成果无私地贡献给了全世界，而人家反而可以"恩将仇报"，利用接收的我方技术稍作改进去申请

专利，进而限制我方对自己技术的利用，这样的教训值得我们反思。还有一些企业对产品申请专利不重视，存在着误区，比如说制药企业，对新药的保护只局限于新药证书，而忽视了申请新药专利，但实际上，新药证书对药品知识产权的保护力度远不如专利证书。首先，从占有权的角度来说，新药证书是不具有独占性的，而专利证书对知识产权的保护具有独占性；其次，从保护的时间上来看，《药品注册管理办法》已经取消了新药的保护期，取而代之的是从安全性角度考虑，设立了不超过5年的新药监测期，而药品发明专利的保护期则是20年。很多医药企业认为只要有新药证书，专利就无所谓了，因而未向国家知识产权局提出申请专利，这些发明创造从而成为了我们可以利用的失效专利。

由此可见，未提出申请专利的发明创造相对于申请来讲是一种失效专利。它虽不受法律保护，但它的技术含金量较高，实用价值和经济效益都很高，是科研所进行科研创新、企业开发新产品的重要依据。

第三节　失效专利的利用价值

对失效专利的利用价值的分析可以从专利失效的原因角度出发：①未授权的发明专利失效属于其虽具有一定的创造性或新颖性，但与对比文献（专利、论文或公知技术等）相比较，其创造性或新颖性不足，因此这类失效专利可能是因为有其他专利的制约。②期满失效的发明专利一般是基础专利、核心专利或者是具有重要影响的专利，而期满失效的实用新型专利一般具有很强的实用性。③中途失效的专利视具体情况而定，如被作无效宣告的专利尽管已经失效，但同样的技术方案也许还有其他专利仍具有法律效应；为避免重复授权而放弃的专利，也同样还有相同其他专利存在的制约；因为未缴纳年费而放弃的专利，一般具有较重要的使用价值或重要的参考价值。

通过对失效专利的分析，我们知道失效专利资源囊括了除国家机密不能公开以外的所有专利技术，涉及生活需要、化工、冶金、纺织、造纸、机械工程、照明等方面，数量庞大，特别是一些国外的失效专利，对中国企业来说，技术上还是先进的，比如药品失效专利等等。对这些失效专利中国企业可以拿来免费使用，受到它的启发还可以进行二次创新和开发，申请新的发明专利，为企业提供技术支持的同时也为社会创造财富。

一、为新产品开发提供技术支持

专利失去国家专利法的保护后，任何人都可以无偿使用，成为公知公用的免费资源，但这些免费的资源并不是毫无价值。由于专利技术具有先进性，有的专利技术在当时的科技水平下或者由于各种企业经济等原因并未能付诸实施，有的专利技术在发达地区已经过时，成为失效专利，但这些失效专利其技术本身并不过时，有的成果技术非常成熟，由于不被人们认识和了解，至今仍未被开发利用。

企业可以按照市场需求或者根据失效专利产生地域的不同，将技术发达地区失效专利形成的产品，辐射到技术落后地区新的消费群体上，使失效专利再次增值，产生良好的经济效益和社会效益。

著名的苹果电脑公司就是依靠一项失效的微电脑技术而发展成为全球性高科技企业的，很多失效专利养在深闺人未识，对其进行利用可开发出有广阔市场前景的新产品。如车辆尾气净化装置，随着环保意识的提高和车辆尾气排化标准的执行，该失效专利又日见其身价；又如高楼擦窗器，在室内可檫玻璃的内外两面，既解决了高层建筑的玻璃清洁问题，又可提高效率，开发的前景不可限量；再如除臭、防传染病便器盖，解决了宾馆、饭店等公共场所坐式便器的除臭和皮肤交叉感染的问题，可使厕所卫生环境提高一个档次，颇具实用价值。现在，有很多企业不景气，在激烈的市场竞争中难以立足，我们建议不妨去看看这些失效专利，从中找到适合自己的技术，利用这些价廉物美的技术成果使企业得到发展，这无疑是一条捷径。❶

二、为新产品研发提供参考

专利权具有独占性，一项发明的专利权，专利局只能授予一次，授予给一个人(这里的一个人可以是一个自然人，也可以是一个单位或几个共同发明人)，不可能授予给两个或两个以上的人。发明人的发明创造如果和已取得专利权的技术相同，则即使花费了精力搞成功了，也不可能取得专利权，不能使用，即得不到法律的保护，而且还可能构成侵权，使得自己的辛苦成了无用功，浪费了人力、物力、财力。过去，由于信息闭塞，各地之间缺乏沟通，使得科学技术方面的重复研究、重复劳动现象很多，造成了科研经费的浪费。所以，发明人在进行发明创造时，应当了解已取得的和已失效的专利技术，避免重复别人的研究，浪费时间和金钱。同时，由于在专利说明书中有专利技术描述及技术实施过程的详细资

❶ 柴中梅：《论失效专利的可利用价值》，新疆职业大学学报，2001 年 02 期，新疆职业大学社科部。

料记载，发明人可以无偿地了解到这些信息，为相关研发提供帮助，充分有效地利用失效专利资源，提高研发的起点，减少资源的浪费。既可以避免重复研究开发，也可以在国外先进水平的基础上，取其精华，去其糟粕，迅速消化吸收相关先进技术，为进一步的研发节省人力、财力、物力，这是中国企业快速提高工艺水平的一条捷径。

三、促进专利技术的转化

能够取得专利权的发明成果必须具备新颖性、创造性、实用性三个条件，缺一不可。在同类产品或技术中，它必然有它独特的地方，有先进性，并且能够适用于生产、生活和工作中，为人类服务，为社会服务，否则是不会放授予专利权的。在专利技术超前或专利权人缺乏能力实施专利技术导致专利失效的情况下，任何人只要有能力、有实力，都可以实施该项技术，而不仅仅局限于专利权人自己实施，任何人都可以使科学技术尽快普及和转化，为社会创造财富，促进科学技术的进步。

第三章　失效专利资源的获取途径

第一节　失效专利资源的主要类型

研究失效专利，主要研究失效专利所包含的信息，对于失效专利的获取，从信息资源的载体形式来划分的话，可以分为纸质失效专利信息资源和数字失效专利信息资源。

一、纸质失效专利信息资源

纸质专利信息资源即印刷型专利信息资源，包括中国出版的专利文献《中国专利索引》《中国专利公报》《专利说明书》等，通过这些专利文献，可以查询到专利的法律状态信息。其中前两种是检索工具，后一种是一次文献，反映失效专利全文。目前，世界上约有160多个国家和地区设有专利机构并出版专利资料，中国自1980年1月经国务院批准成立专利局起，就陆续出版、发行专利文献。

（一）《中国专利索引》

《中国专利索引》由国家知识产权局出版，为一年度索引，它对每年公开、公告、审定和授权的专利，以条目的形式进行报道，是检索中国专利文献的一种十分有效的工具，其不足之处为出版速度较慢，仅有年度索引，不能适应查阅近期专利的需要，又无文摘，不便于判断取舍。

（二）《中国专利公报》

《中国专利公报》是国家知识产权局每周定期公开出版的受理、审查和授权公告的唯一法定刊物，共分《发明专利公报》《实用新型专利公报》和《外观设计专利公报》三种。每周每种公报合订为一期，全年52期，以大16开印刷品形式出版发行。它集经济、法律和技术信息为一体，反映了在中国申请专利保护的国内外最新发明创造成果，对促进科技发展、快速传播科技信息起着难以估量的作用。

《中国专利公报》主要刊载专利申请公开、专利权授予、专利事务、授权公告索引等多项内容。它具有以下特点：

1. 法律效力。《中国专利公报》是人民法院审理专利案件重要证物，同时也是签订合同的合法依据。

2. 唯一性。知识产权出版社为法定唯一出版公报单位，其他单位均无权出版。

3. 共同性。美国、日本、欧盟各国专利商标局均出版类似出版物。

4. 不可替代性。《中国专利公报》是国家知识产权局与美国、日本、欧盟各国专利局互换保存的专利文献资料，其他任何出版物无权替代。

5. 客观公正性。《中国专利公报》客观反映每个专利申请人及授权人的专利全程法律状态。

6. 史料性。《中国专利公报》是专利申请人、专利权人珍贵的历史资料。

《中国专利公报》是企业、图书馆、大中院校查询专利文献，及时、准确地掌握相关领域专利动态的重要资料，也是专利申请人、专利权人及时、准确了解自己专利的法律状态和处理专利相关事务（专利转让、许可、实施等）的有力工具。

（三）《专利说明书》

专利说明书是对发明或者实用新型的结构、技术要点、使用方法作出清楚、完整的介绍，它应当包含技术领域、背景技术、发明内容、附图说明、具体实施方法等项目。专利说明书有广义和狭义两种解释。

就广义而言，专利说明书是指各国工业产权局、专利局及国际（地区）性专利组织出版的各种类型说明书的统称。包括授予发明专利、发明人证书、医药专利、植物专利、工业品外观设计专利、实用证书、实用新型专利、补充专利或补充发明人证书、补充保护证书、补充实用证书的授权说明书，还包括未经过专利性审查的申请说明书，如德国公开说明书、日本公开特许公报，中国发明专利申请公开说明书等；以及经过专利性审查的专利说明书，如美国专利说明书、前苏联发明说明书、中国发明专利说明书等。

就狭义而言，专利说明书是指经过专利性审查、授予专利权的专利说明书，包括发明专利公布（公开）说明书、发明专利说明书、实用新型专利说明书。专利说明书含有扉页、权利要求书、说明书等组成部分，用以描述发明创造内容和限定专利保护范围。专利说明书中的扉页是揭示每件专利的基本信息的文件部分。专利说明书的扉页揭示了每件专利的基本专利信息，包括：专利申请的时间、申请的号码、申请人或专利权人、发明人、发明创造名称、发明创造简要介绍及主图（机械图、电路图、化学结构式等）、发明所属技术领域分类号、公布或授权的时间、文献号、出版专利文件的国家机构等。

专利说明书是专利文献的主体。其主要作用，一方向是公开新的技术信息，另一方面是确定法律保护的范围。只有在专利说明书中才能找到申请专利的全部技术信息及准确的专利权保护范围的法律信息。

据世界知识产权组织(WIPO)统计，目前有90多个国家（地区）及组织用大约30种文字出版专利文献，每年出版的专利文献大约有100多万件。其中，以日本、前苏联、德国、美国、法国、英国、加拿大、澳大利亚、欧洲专利局、世界知识产权组织出版量最大，约占世界每年专利文献出版量的80%左右。这些统计数字主要是就专利说明书而言的。

另外，在行业报刊、杂志方面，如《中国医药报》《国外药讯》《中国药品专利》等出版物，定期不定期会有专利到期或即将到期药品的报道。各行业企业内刊、行业通讯等出版物，也有专利到期信息的报道。这些纸质出版物不仅对一些行业内失效专利信息进行简单报道，而且对其具体的市场运行状况、未来市场发展空间都有详细说明，全面反映行业内失效专利信息各方面的信息，是集法律、经济、技术信息于一体的重要信息来源。

二、数字失效专利信息资源

随着科学技术的不断进步，信息的载体也在发生着变化。数字失效专利信息资源是纸质失效信息资源不断发展的结果。数字失效专利资源逐渐成为当前最为重要的失效专利资源，具体可以包括以下几种。

（一）数据库

数据库是一种计算机能够阅读并处理的文字、数字、图形数据等的集合体，是网络信息系统的核心和重点，目前网上专利数据库有文摘、目录、全文以及多媒体等多种类型数据库。

从 2011 年的中国专利统计年报上可以看到，中国的有效专利达到了 273 万余件。中国确立专利制度不过 20 余年就有如此多的数据，那些发达国家数据会更多。这么多的数据在现在的信息环境下不可能用人工去处理，所以各国均根据自己的国情，采用自己的方式建立本国的专利数据库，并且通过网络上提供检索入口，大部分的专利信息可以公开给广大的用户。用户通过网络访问这些数据库，针对自己的需要进行检索，来获得自己想要的专利。由于七国两组织（中国、美国、英国、日本、德国、法国、瑞士和世界知识产权组织、欧洲专利局）的专利数量不论从质量上还是在数量上在全球专利总量中都占有大部分，所以现对七国两组织官方网站及检索主页进行整理如图 2，企业可以通过网络访问这些专利数据库进行失效专利状态的核对。

组织或国家	官方网站	检索主页
世界知识产权组织	www.wipo.int/protal/index.html.en	www.wipo.int/pctdb/en/index.jsp
欧洲专利局	www.epo.org/	Ep.espacenet.com/
中国国家知识产权局	www.sipo.gov.cn/sipo2008/	www.sipo.gov.cn/sipo2008/zljs/
美国专利商标局	www.uspto.gov/	Patft.uspto.gov/
英国知识产权局	www.patent.gov.uk/	www.patent.gov.uk/types/patent/p-os/p-fine.htm
法国专利局	www.onpi.fr/	bases-marques.inpi.fr
德国专利商标局	www.dpma.de/	Depatisnet.dpma.de/ipc/recherché.do
日本特许厅	www.jpo.go.jp/	www.ipdl.inpit.go.jp/homepg_e.ipdl
瑞士联邦知识产权局	https://www.ige.ch/	https://client.ip-search.ch/

图 2 七国两组织知识产权部门官方网站及检索主页

通过登录以上的网站，可以选择目标地区分析自己的主题，采用对应的检索方法，得到检索结果，如果检索结果并不准确，可以进行多次检索。在得到结果之后，通过结果的法律状态判断其是否为失效专利。一般欧洲专利局数据库中的专利有以下几种法律状态标示失效专利：Withdrawn、Deemedwithdrawn、Refused、Terminated、before grant、Ceased、Expired、Revoked、Surrendered。[1]

（二）光盘

中国有专门针对本国的失效专利的光盘数据库。比如：由知识产权出版社出版发行的《中国失效专利光盘数据库》，存贮了 380 余万条左右的失效专利信息，是检索国家知识产权局自 1985 年以来有关失效专利的重要文库，用户可用关键词或不同组合形式快速全文检索；可用公开（告）日、公开（告）号、分类号、

[1] 韩兵兵、卢章平：《中国失效专利研究与应用现状分析》，图书馆学研究，2010 年 14 期，江苏大学科技信息研究所，江苏大学图书馆。

申请号、申请日、申请人、地址等申请专利著录项为检索入口进行查找；可随意选择、显示、打印、存储检索结果，结果中除标明发明名称、文摘及所有专利申请著录外，还提供了该专利的失效原因。具有检索途径多、功能强、速度快等特点。

网站 (Website) 是指在网际网络上，根据一定的规则，使用 HTML 等工具制作的用于展示特定内容的相关网页的集合。通过网络查到“中国知识产权网 www.cnipr.com”网站，点击中国专利文献数据库，其失效专利文献便出现，供人们选择利用。

第二节 获取国外失效专利资源的具体途径

随着信息技术的快速发展，数字化信息的利用超过了纸质信息资源，成为主流信息源。

另外，由于地域原因，国内研究人员对国外专利信息的查找和利用，主要采用数字化途径，可以通过网址直接进入国外专利数据库，还可以从国内专利网提供的世界各主要国家、地区及专利组织的链接进入相应的国外专利检索数据库。一般可以从主题和分类两个途径进行检索，然后将获得的专利信息通过“中国专利数据库”进行验证，以证实这些国外专利是否还申请了中国专利，是否期满等法律状态，从而获得一批相关的国外失效专利。以下介绍几个主要的国外专利信息数据库 (以免费数据库为主)。

一、WIPO 的 IPDL 数据库——知识产权电子图书馆

由世界知识产权组织 (WIPO) 建立的知识产权电子图书馆 (IPDL) 数据库 (http：//www.wipolint/ipdl/en)，提供了对世界知识产权组织主办的各类知识产权数据库的查询，其中包括：PCT 国际专利数据库、马德里设计数据库、Hague、Health Heritage Test Database 和 JOPAL 科技期刊数据库等，并提供免费检索服务。除了世界知识产权组织主办的各类知识产权数据库外，IPDL 还可以检索部分国家的专利数据库，包括中国专利英文数据库、印度专利数据库、美国专利数据库、加拿大专利数据库、欧洲专利数据库、法国专利数据库、DOPALES 专利数据库等，可以进入不同国家的专利检索数据库进行失效专利信息的查询。

对于 IPDL 的检索，可以从网页左边的“Patent search”进入专利检索页面，可以选择“Simple search”简单检索，输入专利的关键词等进行检索，进而获得专利全文等信息；也可以通过“Advanced search”高级检索，选择“Date”，明

确检索起止时间，在 Search 中选择“Front Page”或“Full Text”，在检索文本框中输入关键词进行检索；IPDL 同时提供“Field Combination”域组合检索，该检索页面设有多重检索课，可选择在 WIPO 公布号、申请号、公布日、标题、摘要、申请人名称、国际分类、发明人名称、局代码、说明书、权利要求书等不同检索项中进行组合检索，获得失效专利信息；IPDL 的“Browse by week(PTC)”按周浏览，可以按时间顺序进行专利信息的浏览，包括专利申请号、专利公开号、专利权人等信息。对于所获的专利信息科通过《中国专利数据库》进行验证，验证这些国外专利是否在中国申请了专利，是否期满等法律状态信息，从而获得相关的国外失效专利。

二、美国专利商标局数据库

美国专利商标局 (USPTO) 数据库 (http：//www.uspto.gov) 由美国专利和商标局提供，收录了 1976 年 1 月 1 日至今的美国专利全文 (包括实用新型、设计专利、再颁专利、职务专利和法定发明登记)，数据每周更新一次。USPTO 数据库包括专利申请数据库和授权专利数据库。授权专利数据库包括了 1976 年至今的美国专利说明书全文和 1970 年以来出版的所有授权的美国专利说明书扫描图形。专利申请数据库提供 2001 年 3 月 15 日以来所有公开 (未授权) 的美国专利申请说明书扫描图形。

进入美国专利数据库检索页面 (http：//www.uspto.gov/patft/index.html)，该页面设有“授权专利数据库”和“专利申请数据库”检索入口。各个数据库都设有 3 个检索途径：快速检索、高级检索和专利号 (或公告号) 检索。

三、欧洲专利数据库

欧洲专利数据库 (http：//ep.es-pacenet.com) 由欧洲专利局提供，可用于检索包括 19 个成员国在内共 50 多个国家 (其中包括英国、德国、法国、奥地利、比利时、意大利、芬兰、丹麦、西班牙、瑞典和瑞士等国) 的专利数据库，它收录了1979年以来在欧洲专利局申请的专利文本和全部图像信息。还包括1980年以来欧洲专利局批准的专利图形文本和全部图像信息，数据库每周更新一次。

以欧洲专利局数据库(http：//ep.es-pacenet.com)为例，该数据库提供“快速检索”“高级检索”“号码检索”和“分类检索”四种检索方式。

四、日本工业产权数字图书馆

日本工业产权数字图书馆(http：//www.ipdl.inpit.go.jp/homepg_e.ipdl)收集了各种公报的日本专利(特许和实用新案)，采用英文和日文两种工作语言，收录了1994年至今的日本专利的题录和摘要，并定期更新。该数据库由专利信息(说明书)图像、书目数据以及专利信息的文本组成，通过对书目数据和文本数据进行检索时所命中的专利列表，可调出相应的专利说明书的图形文件来查看和下载。

进入IPDL首页(http：//www.jpo.go.jp)，点击网页底部的特许电子图书馆“Industrial Property Digital Library，IPDL”，进入IPDL检索界面，该界面提供两种检索途径：Text Search(文本检索)和Number Search(号码检索)，可以免费浏览专利说明书内容。

以“Text Search”(文本检索)为例，在该检索窗口中输入关键词，点击“search”，显示检索到的专利篇数，点击“Index Indication”，显示检索到的具体专利条目；点击专利公告号，显示该专利摘要、法律状态等信息；选中专利条目点击“DETAIL”，显示该失效专利内容，可获得失效专利全文信息。

第三节　获取中国失效专利资源的具体途径

一、中国数据库

（一）国家知识产权局专利数据库 (SIPO)

国家知识产权局网站 (http：//www.sipo.gov.cn) 的国家知识产权局专利数据库 (SIPO) 检索在中国申请专利保护的国内外专利信息。该信息系统收录了 1985 年 9 月 10 日以来公布的专利信息数据。供查询的信息内容包括专利摘要、题录和全文，并可浏览到各种说明书全文及外观设计图形，信息每周更新。用户无须注册即能免费浏览专利说明书全文。该数据库可以通过“专利信息服务平台试验系统”为检索入口。该检索入口提供的检索途径包括：快捷检索、表格检索和高级检索，其中“快速检索”包括关键词、申请 / 公开 (公告) 号、申请号、申请日、摘要、分类号等检索项；“表格检索”包括公开 (公告) 号、申请号、申请日、摘要、分类号等检索项。

（二）中国知识产权网专利数据库 (CNIPR)

中国知识产权网专利数据库 (CNIPR) 收录了国内从 1985 年 9 月 1 日至今的全部专利以及美、日、英、德、法、瑞、欧洲、WIPO 等国外的专利数据，具有用户界面友好、操作简捷、功能强大的特点。

通过中国知识产权网站 (http：//www.cnipr.com) 点击“专利检索”框的登录按钮，即可进入该数据可，进行中外专利检索。其中中国专利检索和国外专利检索都包括表格检索、逻辑检索、IPC 分类检索、行业分类导航、法律状态检索等检索入口。用户可以通过不同的检索入口进行专利的检索，根据检索到的专利号、法律状态代码、法律状态公告日和法律状态信息等可以检索到具体专利的信息。同时也可直接通过其“法律状态检索”入口查找所需专利信息。普通用户无须注册可免费得到摘要等专利信息，会员用户付费能获得专利全文。须注意的是，查询到的失效专利应以国家知识产权局专利登记簿记载的法律状态即时信息为准。对于查询到的专利信息，需对照专利公报，说明书全文的内容及专利登记簿的内容进行核实。

二、国内光盘

（一）《中国失效专利光盘数据库》

由中国专利文献出版社正式出版发行的《中国失效专利数据库》光盘，存储了近23万条失效专利信息。记载了中国专利局自1985年4月1日以来至1998年9月底所有失效专利数据。

该光盘检索可在WINDOWS和DOS两种环境下运行，系统检索功能强。用户可用关键词或不同组合形式快速进行全文检索：可用公开（公告）日、公开（公告）号、分类号、申请号、申请日、申请人、地址等申请专利著录项为检索入口进行查找，可随意选择、显示、打印、存储检索结果。具有检索途径多、功能强、速度快的优点，检索结果中除标明发明名称、文摘及所有专利申请著录项外，还提供了该专利在《中国专利说明书》光盘中的盘号及该专利失效的原因和日期。

（二）《23万失效专利技术》光盘

《23万失效专利技术》光盘是由中国专利发展公司开发出版，汇集了自1985年专利法实施到2001年，共计23万件国内的失效专利。该光盘提供的主要功能是检索专利号、申请号、专利权人、专利申请人、联系方式等基本信息，但不提供专利全文，主要用于失效专利基本信息的检索。我们可以通过光盘，快速检索所需失效专利信息，确定检索范围，根据光盘提供的专利线索，可通过国家知识产权网的“中国专利检索数据库”，检索索取专利全文等信息。

（三）行业失效专利光盘

行业失效专利光盘，如医药行业：《中国医药失效专利》光盘和《中国药品专利说明书》光盘。

三、国内网站

（一）专利之星

专利之星 (http：//www.patent-star.com) 网站是经国家知识产权局批准和国家工商行政管理总局商标局备案的面向国内外的知识产权代理机构。该网站中的“失效专利全文数据库”是专门针对失效专利的数据库，该数据库收录了自 1985 年 9 月至今的所有失效专利详细信息，是中国较完整、较准确的失效专利全文信息库。“失效专利全文数据库”是按分类检索，所有失效专利是按国际专利分类法《International Patents Classification. 简称 IPC》8 个部编排。

A 部——人类生活必需 (农、轻、医)
B 部——作业、运输
C 部——化学、冶金
D 部——纺织、造纸
E 部——固定建筑物 (建筑、采矿)
F 部——机械工程、照明、供热、武器、爆破
G 部——物理
H 部——电学

图 3　失效专利文摘数据库分类检索表

用户可以在进入“专利之星”网站主页后，点击“中外专利全文数据库服务平台”的“失效专利全文数据库”，通过浏览“失效专利专题数据库分类目录”信息 (如图 3)，通过 8 个部可了解任何一个部的失效专利信息，再点击某部，将显示其部的大类类号和类名。以 A 部为例 (见图 4)，这时可根据需要进入任一大类，便可查到有多少件失效专利，并可获取该类失效专利的专利名称和专利申请号，通过其可查到该失效专利的文摘等有关数据。也可以在专利检索文本框中输入专利关键词，进行检索，检索结果包括“专利号”和“专利名称”，如需进一步获得失效专利全文信息，需缴纳一定的费用。

农业

A01 农业、林业、畜牧业、打猎、诱捕、捕鱼

食品与烟草

A21 焙烤：食用面团

A22 屠宰：肉品处理、家禽或鱼的加工 A23 其他类不包括的食品或食料及其处理 A24 烟草：雪茄烟、纸烟、吸烟者用品

个人与家用物品

A41 服装

A42 帽类制品

A43 鞋类

A44 男用服饰、珠宝

A45 手携物品或旅行品

A46 刷类制品

A47 家具

保健与娱乐

A61 医学或兽医学、卫生学

A62 救生、消防

A63 运动、游戏、娱乐活动

图 4　A 部——人类生活必需大类表

专利之星需要用户按顺序一页一页浏览或下载，这种方式效率较低，也比较费时，现在国内有几个为用户提供全文整篇下载的网站，这种网站利用专利下载软件批量下载或访问全文，效率比较高，也比较能节省时间。现将其网站整理如图 5：

常用站点	网址
药物在线	http://www.drugfuture.com
丁香园	http://db.dxy.cn/page2.html
佰腾专利检索系统	http://www.5ipatent.com
专利信息服务平台	http://pub.cnipr.com/pubpisfts/index.do

图 5　专利整篇打包下载参考网址

（二）药物在线

Drug Future 药物在线 (http：//www.drugfuture.com) 收录了 FDA 公布的所有失效专利药品信息，提供中国、美国、欧洲专利的全文打包下载。下载前，需要预先知道专利申请号或公开号，若没有，可先到其他网站进行专利检索，获取申请号或公开号后再进行下载。如中国专利可先在国家知识产权局进行专利检索，美国专利可到美国专利商标局进行检索等。

（三）丁香园

丁香园同样提供中国、美国、欧洲专利全文打包下载。美国、欧洲专利的全文打包下载方法同样要在相关的专利局网站上找到所需要的专利号，然后输入专利号进行打包下载。有关中国专利的下载则要先安装并运行网站提供的中国专利单机版 CNP at Down.exe 软件，安装完毕可直接点击软件菜单 Tools 中的 Co SIPO 或者工具栏上的 SIPO 图标进入国家知识产权局检索专利，在检索结果界面，可将鼠标放在专利的链接上，拖到软件界面左下角的框中，可以添加多个专利，然后点击“Select All”，最后点击“Download”就可以自动把选中的专利下载下来，若软件按默认路径安装，则文件保存在 C：\Program Files\CNP at Down 路径下。

（四）佰腾专利检索系统

该系统能使用户在相关专利库中及时查找到有关的专利数据，包括中国专利、失效专利和外国专利。其中在中国专利库和失效专利库中，专利类别包含发明专利、实用新型专利和外观设计专利 3 种专利类型；在外国专利库中，包括了美国、日本、英国、法国、德国、瑞士、俄罗斯、PTC 和欧洲专利等国家和机构的专利。

系统提供简单检索、表格检索、表达式检索以及 IPC 分类检索、对比检索 5 种检索方式。该网站提供专利全文的查看和下载、文摘的详细信息查看、统计分析、排序方式、收藏、输出以及二次检索等功能。

（五）专利信息服务平台试验系统

该试验系统收录了中国、美国、欧洲、日本和 WIPO 等数十个国家和专利组织的几千万件专利文献，系统提供快捷检索、表格检索等多种检索方式，并支持逻辑组配检索，提供中国、美国、欧洲和 WIPO 专利的全文检索。此外，还提供中国专利法律状态检索、IPC 分类表查询和导航、数据统计和打包下载等功能。但目前数据库功能不太完善，部分专利还无法下载说明书。

第四章　失效专利侵权分析

随着失效专利的增加、人们对失效专利的关注和尝试性利用，很多企业受益匪浅，我们通过百度搜索可以发现对失效专利有不少褒奖之词，如："失效专利是一座有待开发的金山""失效专利的开发利用是免费的午餐""失效专利可以任人无偿地使用""失效专利是具有巨大潜能的免费财富"，"免费"和"财富"似乎成为了失效专利的代名词。但是失效专利真的是免费的财富，可以理所当然的拿来随意使用吗？当然不可以，齐维轩在其文章中就提到了这样一个失效专利侵权的案例：

王姓女士（下称甲方）受某单位（下称乙方）委托，作了一个课题的情报专项服务项目。在甲方提供的情报专项报告（下称报告）中，提供了一项失效专利的相关资料。甲方出于好心，在力荐该失效专利的同时，又在报告的醒目位置以带着重号的文字强调："该专利属失效专利，可放心无偿使用。"其后，乙方在该报告的基础上，使用了该项失效专利，并经过开发试制，推出了第一批产品。不料，当乙方的销售广告出现在媒体时，法院的诉讼副本也结伴而至——乙方在实施该失效专利的同时，出现了专利侵权行为！甲方因此也被卷进这场官司之中。❶

为什么使用失效专利也会侵权？那到底是什么因素导致了使用失效专利会侵权？如何规避这些导致使用失效专利侵权的风险？这些问题也成了我们研究和利用失效专利的重要问题。

---

❶ 齐维轩：《论情报专项服务中失效专利的雷区规避问题》，情报杂志，2001 年 02 期，西安邮电学院。

第一节 专利侵权行为

一、专利侵权行为的定义

专利侵权行为是指在专利权有效期限内，行为人未经专利权人许可又无法律依据，以营利为目的实施他人专利的行为。

二、专利侵权行为的特点

（一）被侵害的专利权是合法有效的

由于专利权具有一定的时间和地域限制，侵权行为发生在专利的有效期内和有效地域内，才构成侵权。专利权在时间上的合法有效，包括专利权的取得和存续。专利权取得的标志是获得国务院专利行政管理部门颁发的专利证书，而专利权的存续受下面三个因素的影响：一是专利期限届满；二是法定终止事由出现，如专利权人未按规定缴纳年费或者声明放弃专利权等；三是他人对专利权的异议成立。因此，实施专利授权以前的技术、专利被宣告无效、被专利权人放弃的专利或者专利权期限届满的技术，不构成侵权行为。

专利法还规定了临时保护制度，发明专利申请公布后至专利权授予前，使用该发明的应支付适当的使用费。对于在发明专利申请公布后专利授予前使用发明而未支付适当费用的纠纷，专利权人应当在专利权被授予之后，请求管理专利工作的部门调解，或直接向人民法院起诉。

（二）侵害行为具有违法性

侵权人的侵害行为具有违法性是其承担法律责任的前提，他人未经专利权人许可而实施专利技术的，大多数情况下构成侵权，属于违法行为。但有的行为虽然给专利权人造成损害，但不属于违法行为，按照法律规定不视为侵害专利权；

有的行为由法律规定给予特别许可，也不能视为侵犯专利权。

（三）侵害行为给专利权人或者利害关系人造成损害

侵害行为使专利权对其专利的实施受到影响，直接或间接地给专利权人造成财产上的损害，这种损害与对有形财产造成的损害相比，在表现形式上有所不同，并不表现为专利技术的毁损或灭失，因此不是直观可见的。专利权人财产上的损害包括现有物质财富的减少和可得利益的损失。

（四）侵权人主观上具有过错

过错分为故意和过失两种情况，故意是指侵害人已经预见到自己的行为可能会对专利权人造成损害而仍然希望或者放任这种结果的发生。过失则是指侵害行为人对自己的行为及后果应当预见、能够预见而没有预见，或者虽然预见到但却轻信能够避免其发生。国家公布了专利申请和专利说明书，侵害人就应该查阅而且能够查阅却没有查阅专利文献，所以应推定为其有过失。无论侵害人主观上故意或过失，侵害人均应承担法律责任，只是在具体处理上有所区别。

三、专利侵权表现形式

（一）未经专利权人许可以生产经营为目的实施其专利权的行为

1. 对于发明和实用新型专利权，除法律另有规定外，任何单位或者个人未经专利权人许可，为生产经营目的制造、使用、销售其专利产品，或者使用其专利方法以及使用、销售依照该方法直接获得的产品，都属于侵权行为。这种侵权行为包括以生产经营为目的的下列行为：一是制造专利产品的行为；二是使用专利产品的行为；三是销售专利产品的行为；四是使用专利方法的行为，包括使用专利方法制造其他产品的行为；五是使用依照专利方法直接获得的产品的行为；六是销售依照专利方法直接获得的产品的行为。

2. 外观设计专利权，任何单位或者个人未经专利权人许可，为生产经营目的制造、销售其外观设计专利产品的行为，也属于侵权行为。具体包括：一是制造外观设计专利产品的行为；二是销售外观设计专利产品的行为。但是，使用外观设计专利产品的行为，不构成侵权。

（二）未经专利权人许可以生产经营为目的进口其专利产品或者进口依照其专利方法直接获得的产品的行为

根据中国专利法规定，专利权人享有专利产品的进口权，进口方从国外进口专利产品，必须取得专利权人的许可。只有获得专利权人的许可，其专利产品的进口才是符合专利法规定的合法行为。如果未经专利权人许可，以生产经营为目的的进口专利产品或者进口依照专利方法直接获得的产品，都是侵害专利权的行为。

（三）假冒专利权人专利的行为

假冒专利是指在非专利技术产品上或广告宣传中，表明专利权人的专利标记和专利号，以使公众误认为是专利产品的行为。被假冒的专利是客观存在的专利，因此这种行为直接损害专利权人的利益，欺骗消费者，扰乱国家对专利管理制度和专利管理秩序。

假冒他人专利侵犯的客体是受到专利法保护的专利标记权。专利权人有权在其发明创造的专利产品或包装上标明专利标记和专利号，这是一种基于专利权的发明创造所产生的紧紧依附于智力成果所独有的权利，非专利权人不能使用这种标记权。

（四）被许可人的侵权行为

在专利权人自愿许可他人实施专利的情况下，许可人与被许可人之间签订的书面许可实施合同，以明确双方当事人的权利义务。因此，被许可人的下列行为既是违反合同的违约行为，又是侵犯专利权的侵权行为：

1. 超出合同约定的地域实施该专利；

2. 超出合同约定的有效期间实施该专利；

3. 超出合同约定的技术范围实施该专利；

4. 未经专利权人同意擅自许可第三方实施该专利。

（五）专利权共有人的侵权行为

中国专利法规定，两个以上单位或者一个单位接受其他单位委托的研究、设计任务所完成的发明创造，除另有协议的以外，申请专利的权利属于完成或者共同完成的单位；申请批准后，专利权归申请单位所有或持有。专利共有人的侵权行为主要包括以下两种：

1. 专利权共有人未经其他共有人同意而许可他人实施专利的行为。如果被许可人实施了该专利的，则与许可人共同构成侵权。

2. 专利权共有人未经其他共有人同意，擅自转让或者转让超出应有份额的专利权的行为。

四、专利侵权法律分析

（一）专利法对专利侵权的规定

《专利法》第十一条对专利权的法律效力作了明确规定：发明和实用新型专利权被授予后，除本法另有规定以外，任何单位或者个人未经专利权人许可，都不得实施其专利，即不得为生产经营目的制造、使用、许诺销售、销售、进口依照该专利方法直接获得的产品。

外观设计专利权被授予后，任何单位或者个人未经专利权人许可，都不得实施其专利，即不得为生产经营目的制造、许诺销售、销售、进口其外观设计专利产品。

根据上述规定，作为专利侵权行为必须有被侵犯的专利权保护客体以及被指控侵权的实施行为。专利侵权行为的认定就是判断该实施行为是否侵犯了一项已授权并处于专利权有效保护期内的专利保护客体。

（二）专利侵权构成条件

根据《专利法》的规定，构成侵犯专利行为必须同时具备以下四个条件：

1. 必须有被侵犯的有效专利权的存在——以有效的专利权的存在为前提

一项发明创造在其被授予专利权的有效期间内才受到法律保护，在该保护期内第三人实施该项有效专利才构成侵权行为。因此，构成侵犯专利权的行为以有效的专利权的存在为前提。对于授权前的发明创造、专利权期限届满的专利、被宣告无效的专利，以及专利权已经终止的专利，第三人的实施行为并不构成侵权行为。

《专利法》第四十四条第一款规定：“有下列情形之一的，专利权在期限届满前终止：①没有按照规定缴纳年费的；②专利权人以书面声明放弃其专利权的。”缴纳专利年费是专利权人的义务，若专利权人不履行此项义务，即没有按照规定缴纳年费的，专利权自应当缴纳年费的期限届满之日起终止。专利权人以书面声明放弃其专利权的，专利权在期限届满前终止。有时，专利权人为了避免其专利权被宣告无效，或者认为后面的保护期限对他来说已经没有意义了，如果继续维持还要继续缴纳年费，专利权人就会以书面声明放弃其专利，专利权自国家知识产权局收到该声明之日起终止。另外，《专利法》第四十四条第二款还规定：“专利权在期限届满前终止的，由国务院专利行政部门登记和公告。”

2. 行为人实施了他人专利——以行为人实施了他人专利为基础

专利侵权行为，首先应当是一种实施他人专利的行为，没有实施他人专利的行为，就不构成专利侵权行为。因此，构成侵犯专利权的行为以行为人实施了他人专利为基础。实施了他人专利，是指实施了他人在权利要求书中记载的技术方案或者在图片或者照片中记载的设计，而不是产品或方法本身。

3. 未经专利权人许可——以未经过专利权人许可为证据

未经许可，是指没有得到专利权人的授权，既未签订契约性专利实施许可合同，也未取得指定许可或强制许可，未经许可而擅自进行专利实施行为，就构成侵权。因此，构成侵犯专利权的行为以未经过专利权人许可为证据。凡经过专利权人许可的实施行为，例如签订了专利实施许可合同且遵守合同约定的行为不构成专利侵权。对于强制许可和指定许可情况下的实施行为，尽管没有获得专利权人的许可，但在法律上视为获得了许可。

4. 为生产经营目的——以生产经营目的的实施为标准

未经专利权人许可而实施其专利，并不一定就构成侵权，行为人如果是为了特定目的实施他人专利，例如为科学研究和试验的目的，即使未经专利权人许可，也可能不构成侵权。这是知识产权与有形财产权的一个重要区别。因此，构成侵犯专利权的行为以为经营(注意是经营而不是营利，后者的范围狭窄得多，对专利权的保护不应施加如此严格限制)目的的实施为标准。行为人实施他人专利只要以生产经营为目的，不管是否营利(如许诺销售)的实施行为都构成侵权，非生产经营目的的实施不构成侵权。

第二节　专利权保护范围的确定

一、确定发明和实用新型专利保护范围的方法

对于发明和实用新型专利而言，专利权的保护范围由权利要求书确定。如果一种产品或方法包含了他人专利权利要求书独立权利要求中的全部特征，就构成了专利产品或方法，也即落入了专利权的保护范围。例如，权利要求书独立权利要求中记载的产品的技术特征为A+B+C，而一种产品的技术特征为A+B+C+D，则该产品为专利产品，对其擅自加以制造和销售就可能构成侵权。而如果一种产品的技术特征为A+C+D，则不属于专利产品，他人的制造和销售就不构成专利侵权。[1]

但是，权利要求书中的技术特征总是通过语音文字加以表述的，而对于任何语言文字的含义都存在一个如何进行解释的问题。不同的解释方法就会导致不同的专利保护范围。在各国专利法中曾经出现过三种解释权利要求书的方法：

第一种是“中心限定原则”。中心限定原则是指在理解和解释权利要求的范围时，以权利要求所陈述的基本内核为中心，可以向外作适当的扩大解释。

中心限定原则的理论依据是专利权人很难写出恰到好处的权利要求书，有时难免把个别不应当写入独立权利要求的非必要技术特征写入独立权利要求中，从而导致专利保护范围过窄。采用中心限定原则的结果使得专利权的范围不局限于权利要求的字面含义，对专利权人可以提供较多的保护，实质上是对专利权人的宽恕政策。

根据中心限定原则，确定专利保护的范围以权利要求为主要依据，但是，解释权利要求时并不必拘泥于权利要求书的文字记载，而是以权利要求书所表明的

[1] 王迁：《知识产权法教程》，第332页，中国人民大学出版社，2011年版。

实质内容为中心，并且根据说明书和附图，全面考虑发明或者实用新型的性质和目的。按照这一原则，确定专利保护的范围可以扩大到所述领域专业技术人员通过仔细阅读说明书和附图后认为可以包括的范围，实际上将没有记载在权利要求书中的有关技术也包括在权利要求的保护范围之中。这种过宽的解释，使专利保护的边界处于模糊状态，公众在阅读了权利要求之后，仍不能准确地判断该专利的保护范围，因此，对社会公众而言有时是不公平的。随着立法本位的转移和法律理论的发展，很多国家逐步放弃了“中心限定原则”的理论。

第二种是“周边限定原则”。周边限定原则是指专利权的保护范围完全由权利要求书的文字内容确定，不能作扩大解释，被控侵权行为必须重复再现了权利要求书中记载的全部技术特征，才被认为落入专利权保护范围之内。也就是说，权利要求书是确定专利保护范围的唯一依据，权利要求保护的范围，应当根据权利要求书的文字严格地、忠实地进行解释，换句话说，权利要求书所记载的范围就是发明专利或者实用新型专利保护的最大限度。周边限定原则的理论基础是：专利权是国家用以换取技术公开的对价，作为对价的权利范围应当是确定的和清晰的，社会公众可以通过权利要求清楚地了解专利权的保护范围，不必作随意性的推测。

在一般情况下，根据周边限定原则对专利权保护范围的解释要比权利要求书记载的范围窄，不能超出该范围。说明书及其附图不能作为确定专利权保护范围的根据。只能在权利要求书不准确、不清楚的情况下，说明书及其附图才可以用来对保护范围作限制性的解释。在审理专利侵权案件时，法院将首先确定权利要求书的文字所限定的是什么产品或方法，再把被控侵权的产品或方法与权利要求书的文字限定的范围进行比较，比较结果，相同则构成侵权；否则，不构成侵权。

采用周边限定原则虽然对公众有利，但对专利权的保护有时是不利的。因为在社会实践中，完全仿制他人的专利产品或者完全照搬他人的专利方法的侵权行为并不多见，而常见的是对他人专利的权利要求中的某一或某些技术特征加以简单的替换或变换，从而达到只有实施他人专利才能达到的目的。如果专利权的保护范围完全由权利要求书的文字内容确定，专利权难以得到充分的保护。[1] 中心限定原则把权利要求看作一个总的发明构思，保护范围可以扩大到所属领域技术人员仔细研究说明书和附图以后认为可以包括的范围，其扩大的程度具有不确定性，容易把保护范围解释得过宽，对社会公众有失公平；而周边限定原则的缺点是容易把保护范围解释得过窄，因为如果严格按照权利要求书的文字意义来确定专利保护范围，就很难给专利权人以公正的保护。

作为上述两种方法的折衷，出现了第三种方法，即折衷原则，折衷原则以权利要求书的内容为准，但不死板地拘泥于权利要求书的文字或措辞，而是结合说明书和附图划定专利权的保护范围。具体来说，在判断专利权的保护范围时，既不能完全按照权利要求书的字面含义来理解，也不能由专利权人或法官完全按其主观意志作任意扩大解释。根据这种方法，对于本领域的普通技术人员在阅读了权利要求书并参考说明书及附图之后，仍然不能确定的技术，就不属于专利权的保护范围。

中国《专利法》也采用了这一方法，《专利法》第五十九条第一款规定：发明或者实用新型专利权的保护范围以其权利要求的内容为准，说明书及附图可以用于解释权利要求的内容。其中“以权利要求的内容为准”确定了一个大前提，即不允许严重背离权利要求的内容，明确排除了将权利要求的文字所表达的保护范围仅仅作为“中心”，随后可以作出较大扩张的作法。“说明书及其附图可以用于解释权利要求的内容”，这是在承认上述大前提的条件下，允许利用说明书和附图对权利要求的内容进行解释。

二、确定外观设计专利保护范围的方法

对于外观设计专利而言，其保护范围以表示在图片或者照片中的该产品的外观设计为准，简要说明可以用于解释图片或者照片所表示的该产品的外观设计。专利法对于外观设计的保护限于相同或相近种类的产品，这是因为外观设计专利

[1] 王胜利、刘义：《图解专利法——专利知识 12 讲》，第 490 页，知识产权出版社，2010 年版。

权针对的是特定工业产品。外观设计专利申请遵循“单一性原则”，即一件外观设计专利申请应当限于一项外观设计。换言之，如果对两种完全不同种类的产品作出了相同的外观设计，则必须提交两件外观设计专利申请。与此相适应，外观设计专利权也只能禁止他人未经许可，在与外观设计专利产品相同或者相近种类的产品上，采用与授权外观设计相同或者近似的外观设计。假设腾讯公司设计了企鹅形状的加湿器，并就该加湿器获得了外观设计专利权，而他人未经许可制造、销售企鹅形状的垃圾筒，即使两种产品的形状一模一样，他人也不构成对腾讯公司外观设计专利权的侵权。

根据最高人民法院的司法解释，对“产品种类相同或者相近”的认定，应当以外观设计产品的用途为依据。而对产品用途的判断，可以参考外观设计的简要说明、国际外观设计分类表、产品的功能以及产品销售、实际使用的情况等因素。对“外观设计相同或者近似”的认定，应当根据授权外观设计、被诉侵权设计的设计特征，以外观设计的整体视觉效果进行综合判断。[1]

---

[1] 参见最高人民法院《关于审理侵犯专利权纠纷案件应用法律若干问题的解释》第 9、10、11 条。

第三节　判定专利侵权的原则

一、全面覆盖原则的适用

全面覆盖，是指被控侵权物(产品或方法)将专利权利要求中记载的技术方案的必要技术特征全部再现，被控侵权物(产品或方法)与专利独立权利要求中记载的全部必要技术特征一一对应并且相同。

全面覆盖原则，即全部技术特征覆盖原则或字面侵权原则。即如果被控侵权物(产品或方法)的技术特征包含了专利权利要求中记载的全部必要技术特征，则落入专利权的保护范围。

当专利独立权利要求中记载的必要技术特征采用的是上位概念特征，而被控侵权物(产品或方法)采用的是相应的下位概念特征时，则被控侵权物(产品或方法)落入专利权的保护范围。

被控侵权物(产品或方法)在利用专利权利要求中的全部必要技术特征的基础上，又增加了新的技术特征，仍落入专利权的保护范围。此时，不考虑被控侵权物(产品或方法)的技术效果与专利技术是否相同。

被控侵权物(产品或方法)对在先专利技术而言是改进的技术方案，并且获得了专利权，则属于从属专利。未经在先专利权人许可，实施从属专利也覆盖了在先专利权的保护范围。

二、等同原则的适用

在专利侵权判定中，当适用全面覆盖原则判定被控侵权物(产品或方法)不构成侵犯专利权的情况下，应当适用等同原则进行侵权判定。

等同原则，是指被控侵权物(产品或方法)中有一个或者一个以上技术特征经与专利独立权利要求保护的技术特征相比，从字面上看不相同，但经过分析可以认定两者是相等同的技术特征。这种情况下，应当认定被控侵权物(产品或方法)落入了专利权的保护范围。专利权的保护范围也包括与专利独立权利要求中必要技术特征相等同的技术特征所确定的范围。

等同特征又称等同物。被控侵权物 (产品或方法) 中，同时满足以下两个条件的技术特征，是专利权利要求中相应技术特征的等同物：

① 被控侵权物中的技术特征与专利权利要求中的相应技术特征相比，以基本相同的手段，实现基本相同的功能，产生了基本相同的效果；

② 对该专利所属领域普通技术人员来说，通过阅读专利权利要求和说明书，无需经过创造性劳动就能够联想到的技术特征。

等同物应当是具体技术特征之间的彼此替换，而不是完整技术方案之间的彼此替换。

等同物代替包括对专利权利要求中区别技术特征的替换，也包括对专利权利要求中前序部分技术特征的替换。

判定被控侵权物 (产品或方法) 中的技术特征与专利独立权利要求中的技术特征是否等同，应当以侵权行为发生的时间为界限。

适用等同原则判定侵权，仅适用于被控侵权物 (产品或方法) 中的具体技术特征与专利独立权利要求中相应的必要技术特征是否等同，而不适用于被控侵权物 (产品或方法) 的整体技术方案与独立权利要求所限定的技术方案是否等同。

进行等同侵权判断，应当以该专利所属领域的普通技术人员的专业知识水平为准，而不应以所属领域的高级技术专家的专业知识水平为准。

进行等同侵权判断，对于开拓性的重大发明专利，确定等同保护的范围可以适当放宽；对于组合性发明或者选择性发明，确定等同保护的范围可以适当从严。

对于故意省略专利权利要求中个别必要技术特征，使其技术方案成为在性能和效果上均不如专利技术方案优越的变劣技术方案，而且这一变劣技术方案明显是由于省略该必要技术特征造成的，应当适用等同原则认定构成侵犯专利权。

在专利侵权判定中，下列情况不应适用等同原则认定被控侵权物（产品或方法）落入专利权保护范围：

① 被控侵权的技术方案属于申请日前的公知技术；

② 被控侵权的技术方案属于抵触申请或在先申请专利；

③ 被控侵权物中的技术特征，属于专利权人在专利申请、授权审查以及维持专利权效力过程中明确排除专利保护的技术内容。

三、禁止反悔原则的适用

禁止反悔原则，是指在专利审批、撤销或无效程序中，专利权人为确定其专利具备新颖性和创造性，通过书面声明或者修改专利文件的方式，对专利权利要求的保护范围作了限制承诺或者部分地放弃了保护，并因此获得了专利权，而在专利侵权诉讼中，法院适用等同原则确定专利权的保护范围时，应当禁止专利权人将已被限制、排除或者已经放弃的内容重新纳入专利权保护范围。

当等同原则与禁止反悔原则在适用上发生冲突时，即原告主张适用等同原则判定被告侵犯其专利权，而被告主张适用禁止反悔原则判定自己不构成侵犯专利权的情况下，应当优先适用禁止反悔原则。

适用禁止反悔原则应当符合以下条件：

① 专利权人对有关技术特征所作的限制承诺或者放弃必须是明示的，而且已经被记录在专利文档中；

② 限制承诺或者放弃保护的技术内容，必须对专利权的授予或者维持专利权有效产生了实质性作用。

禁止反悔原则的适用应当以被告提出请求为前提，并由被告提供原告反悔的相应证据。

四、多余指定原则的适用

多余指定原则，是指在专利侵权判定中，在解释专利独立权利要求和确定专利权保护范围时，将记载在专利独立权利要求中的明显附加技术特征(即多余特征)略去，仅以专利独立权利要求中的必要技术特征来确定专利权保护范围，判定被控侵权物(产品或方法)是否覆盖专利权保护范围的原则。

认定记载在专利独立权利要求中的某个技术特征是否属于附加技术特征，应当结合专利说明书及附图中记载的该技术特征在实现发明目的、解决技术问题的功能、效果，以及专利权人在专利审批、撤销或者无效审查程序中向中国专利局或者专利复审委员会所作出的涉及该技术特征的陈述，进行综合分析判定。对于在专利独立权利要求中有明确记载，但在专利说明书中对其功能、作用未加以说明的技术特征，不应认定为附加技术特征。

第四节　专利侵权的法律责任

一、专利侵权责任构成要件

专利侵权责任(损害赔偿责任)的构成包括以下要件:

(一)必须有实施专利的侵权行为存在

承担专利侵权责任必须有专利侵权行为，这一要件与普通的民事侵权责任的构成必须由侵权行为的要件相同。任何人未经专利权人许可，实施其专利的行为都是侵权行为。但是，并非所有未经专利权人许可而实施其专利的行为都是侵权行为，在某些情况下，他人不经专利权人许可而实施其专利的行为被法律所允许，比如，先用权人和强制许可的被许可人等。

(二)专利侵权行为造成了损害后果

按照一般的民法理论，民事侵权责任的构成必须有损害存在，如果侵权行为没有造成损害，就不承担损害赔偿责任。专利侵权责任也是如此，要求侵权行为对专利权人造成了损害才构成侵权责任。如果专利侵权行为尚未给专利权人造成损害，则行为人只承担停止侵害的责任，不承担损害赔偿责任。对专利权造成的损害与对普通的财产权造成的损害不同，前者主要表现为专利权人市场占有率的下降或者可获利益的减少，而后者主要表现为权利人既得利益的丧失。另外，对专利侵权所要求的损害不像对普通的民事侵权那样要求很严格，只要发生了未经专利权人许可实施专利的行为，就认为对专利权人造成了损害。比如，在专利获得初期，专利权人的产品市场容量较大，尽管他人实施了制造的侵权行为，但专利权人的专利产品销售可能并未受到影响，这种情况并不能认为专利权人没有受到损失，而是将侵权人因侵权行为所获得的利润作为专利权人的损失，因为侵权产品占有了一部分专利产品的市场，专利产品的销售在将来就会受到不利的影响。

（三）侵权行为与损害结果具有因果关系

由于侵犯专利的行为可以由若干主体同时实施，所以在判断侵权行为对专利权造成的损害时，很难判断专利权人哪些损失是由哪个侵权者的行为带来的，一般应当通过侵权者制造侵权产品的多少或者已获利益的大小来确定其承担相应的责任，而不能由侵权者平均分担。[1]

二、专利侵权行为的民事责任

（一）停止侵权

停止侵权是专利权人应承担的主要法律责任之一，也是保护专利权的有效措施，主要是指侵权人应停止擅自制造、使用、销售、进口专利产品或使用专利方法以及使用、销售、进口以该专利方法直接获得的产品行为。专利权人将发明创造申请专利获得专利权的目的，就在于禁止他人未经其允许而制造、使用、销售、进口其专利产品或使用其方法的行为，从而保持自己对该专利享有独占权。因此，在专利侵权诉讼中，大多数专利权人都要求停止侵权行为，以消除非法竞争对其构成的威胁。

（二）没收、销毁侵权产品

人民法院根据专利权人的请求，没收、销毁侵权产品或责令侵权人将侵权物品交由专利权人处理，以停止侵权人的继续使用、销售的侵权行为。主要适用于以下情况：

1. 判令停止制造侵权行为后，对制止侵权产品的生产线、模具、专用设备应当没收、销毁；

2. 对质量低劣的假冒专利产品，应当没收、销毁；

3. 对仿制的侵权产品可以根据专利权人的要求没收、销毁，或者责令交由专利权人处理。

---

[1] 王胜利、刘义：《图解专利法——专利知识 12 讲》，第 499 页，知识产权出版社，2010 年版。

（三）赔偿损失

专利权是一种无形财产，当这种财产受到侵犯，并给权利人造成经济损失，专利权人或利害关系人有权依法要求侵权人赔偿损失。在专利侵权诉讼中，专利权人或者利害关系人一般都要提出赔偿损失的要求。

《专利法》第六十五条规定："侵犯专利权的赔偿数额按照权利人因被侵权所受到的实际损失确定；实际损失难以确定的，可以按照侵权人因侵权所获得的利益确定。权利人的损失或者侵权人获得的利益难以确定的，参照该专利许可使用费的倍数合理确定。赔偿数额还应当包括权利人为制止侵权行为所支付的合理开支。权利人的损失、侵权人获得的利益和专利许可使用费均难以确定的，人民法院可以根据专利权的类型、侵权行为的性质和情节等因素，确定给予1万元以上100万元以下的赔偿。"

专利法的规定明确了专利侵权赔偿数额的计算顺序，第一顺序为权利人的损失，第二顺序为侵权人的收益，第三顺序为专利许可费的合理倍数，第四顺序为法定赔偿。

1. 专利权人因侵权行为受到的实际损失额。

专利权人的实际损失，也就是他所受损失的利润额，由于对专利权的侵权，势必会夺走专利产品的市场份额，从而使专利权人损失一部分利润。在某些情况下，专利权人能计算出自己的实际损失的，可以以专利权人的实际损失数额，作为专利侵权的损失赔偿额。权利人因被侵权所受到的损失可以根据专利权人的专利产品因侵权所造成销售量减少的总数乘以每件专利产品的合理利润所得之积计算。权利人销售量减少的总数难以确定的，侵权产品在市场上销售的总数乘以每件专利产品的合理利润所得之积可以视为权利人因被侵权所受到的损失。再加上专利权人的各项诉讼费用，即为专利权人的实际经济损失。

2. 侵权人因侵权行为获得的全部利润额作为损失赔偿额。

侵权人从每件侵权产品获得利润乘以在市场上销售的总数所得之积，即为侵权人的全部利润。侵权人因侵权所获得的利润一般按照侵权人的营业利润计算，对于完全以侵权为业的侵权人，可以按照销售利润计算。

由于市场变化情况复杂，侵权人的所得和专利权人的所失之间的因果关系很难证明，因而，实际上要求专利权人证明侵权人获得多少利润也很困难，如果要求侵权人提供利润证明，很有可能没有利润或只有很少利润。这时势必需要审计侵权人的全部账目来核定侵权数额，此时应考虑：

一是在计算侵权产品的成本时，如果侵权产品的成本比专利产品高，应以专利产品的成本为准，这样可以防止侵权人在计算获利时，故意多算成本，以减少赔偿。

二是如果侵权人是采取比专利产品低的价格在市场上倾销，应以专利产品的销售价格来计算侵权人所得。

3. 参照专利许可使用费数额的倍数合理确定损失赔偿额。

这是一种比较简便易行的方法，以专利实施许可的使用费的数额为基数，根据案件的具体情况乘以一定的倍数作为专利侵权的损失赔偿额。这种使用费可以按照有关行业或企业通常的使用费标准，或经专利权人和侵权人双方谈判商定的标准来确定。如果在专利侵权诉讼前专利权人已经与他人就同一专利签订了许可合同，那么，该合同中所定的许可使用费便可以作为损失赔偿数额的基数。

4. 由法院确定赔偿数额。

没有专利许可使用费可以参照或者专利许可使用费明显不合理的，人民法院可以根据专利权的类别、侵权人侵权的性质和情节等因素，一般在人民币 1 万元以上 100 万元以下确定赔偿数额。

人民法院一般根据案情的不同情况选择适用的计算方法，当事人双方商定用其他计算方法计算赔偿额的，只要公平合理，人民法院一般是准许的。

（四）消除影响

主要指情节恶劣，侵权产品损害了专利产品在消费者中的信誉，如侵权人质量极其低劣的仿制品在市场上大量销售，给专利权人的声誉造成了巨大影响，这时可以要求侵权人消除影响。

消除影响的主要方式是通过新闻媒介，如在报纸、杂志、电台、电视台、相关网站上发布道歉声明，或者相关公告，承认侵权，并作出不再侵权的保证。原则上是侵权人在什么范围内造成的损害，就在什么范围内消除影响。

三、专利侵权行为的行政责任

（一）专利法的规定

《专利法》规定：对于专利侵权行为，专利权人或者利害关系人可以请求管理专利工作的部门处理。管理专利工作的部门处理时，认定侵权行为成立的，可以责令侵权人立即停止侵权行为，当事人不服的，可以自收到处理通知之日起15日内依照《行政诉讼法》向人民法院起诉；侵权人期满不起诉又不停止侵权行为的，管理专利工作的部门可以申请人民法院强制执行。管理专利工作的部门根据已经取得的证据，对涉嫌假冒专利行为进行查处时，可以询问有关当事人，调查与涉嫌违法行为有关的情况；对当事人涉嫌违法行为的场所实施现场检查；查阅、复制与涉嫌违法行为有关的合同、发票、账簿以及其他有关资料；检查与涉嫌违法行为有关的产品，对有证据证明是假冒专利的产品，可以查封或者扣押。

（二）专利管理部门制止侵权行为的措施

国家知识产权局颁布的《专利行政执法办法》第三十三条规定：专利管理部门可采取下列制止侵权行为的措施：

1. 侵权人制造专利产品的，责令其立即停止制造行为，销毁制造侵权产品的专用设备、模具，并且不得销售、使用尚未售出的侵权产品或者以任何其他形式将其投放市场；侵权产品难以保存的，责令侵权人销毁该产品。

2. 侵权人使用专利方法的，责令其立即停止使用行为，销毁实施专利方法的专用设备、模具，并且不得销售、使用尚未售出的依照专利方法所直接获得的产品或者以任何其他形式将其投放市场；侵权产品难以保存的，责令侵权人销毁该产品。

3. 侵权人销售专利产品或者依照专利方法直接获得产品的，责令其立即停止销售行为，并且不得使用尚未售出的侵权产品或者以任何其他形式将其投放市场；尚未售出的侵权产品难以保存的，责令侵权人销毁该产品。

4. 侵权人许诺销售专利产品或者依照专利方法直接获得产品的，责令其立即停止许诺销售行为，消除影响，并且不得进行任何实际销售行为。

5. 侵权人进口专利产品或者依照专利方法直接获得产品的，责令侵权人停止进口行为；侵权产品已经入境的，不得销售、使用该侵权产品或者以任何其他形式将其投放市场；侵权产品难以保存的，责令侵权人销毁该产品；侵权产品尚未入境的，可以将处理决定通知有关海关。

6. 停止侵权行为的其他必要措施。

四、专利侵权行为的刑事责任

《专利法》第六十三条规定：假冒专利构成犯罪的，依法追究刑事责任。《刑法》第216条规定了“假冒专利罪”：假冒他人专利，情节严重的，处3年以下有期徒刑或者拘役，并处或者单处罚金。根据最高人民法院、最高人民检察院《关于办理侵犯知识产权刑事案件具体应用法律若干问题的解释》，假冒他人专利，具有下列情形之一的，属于“情节严重”：①非法经营数额在20万元以上或者违法所得数额在10万元以上的；②给专利权人造成直接经济损失50万元以上的；③假冒两项以上他人专利，非法经营数额在10万元以上或者违法所得数额在5万元以上的。

第五节　失效专利侵权原因分析

失效专利虽然不受法律保护，没有独占权利，但是在实际应用中可能会产生侵权问题，其根本原因就是没有确定此项专利是不是已经真正成为了失效专利。产生这种情况的原因很多：

一、因专利审查制度本身的原因

因为专利制度本身导致的在使用失效专利时发生对其他专利侵权的可能，此类侵权的具体表现为：

(一)基于“逾期不请求实质审查”和“无正当理由逾期不复视为撤回”所形成的失效专利，这类发明专利申请文件虽经初审合格，但并不意味着该申请最终必然授权，它仅仅说明该申请的内容与形式符合专利申请的条件，并不说明该申请的内容符合授权条件。这类失效专利在开发利用时，务必先进行查新，待确证无误后，才予以考虑。若稍不注意，易引起知识产权纠纷。

(二)基于“被驳回的不符合专利法规定的发明专利申请”所形成的失效专利，虽然申请已通过初审，但未通过实质审查，这类失效专利的专利性(新颖性、创造性和实用性)值得怀疑，应谨慎使用。特别是被驳回所产生的失效专利，一定要真正搞清未能授权的原因再作选择利用，防止在利用过程中与有效专利出现侵权纠纷。

(三)基于“专利权期满”或“专利权人未缴纳年费”所形成的失效专利，虽然这类专利技术大多比较先进，具有较高的开发利用价值，但若盲目利用也完全有发生侵权的可能。众所周知，中国专利分为发明、实用新型和外观设计。在审查过程中，对发明要进行初步审查和实质审查两个步骤，而对实用新型和外观设计只进行初步审查。所以对于实用新型专利，在授权前并没有进行过实质审查，因而也就没有经过新颖性检索，很可能某个实用新型专利与某个在先的发明或实用新型专利保护的范围是一致的或部分一致。此后由于未缴费或期满等原因此专利权终止了，成为失效专利。而此时，在先的发明或实用新型可能尚处于保护期(因发明专利的保护期要比实用新型专利长，而如果该失效专利是未缴费所致，则在先的实用新型专利也有可能仍在保护期之内)，这时使用该失效专利就会造成侵权。

(四)基于“专利被宣告无效”所形成的失效专利，主要是自身不具备授权条件，发明专利申请在实质审查过程中疏漏了不能授权的条件，实用新型专利申请不需进行实质审查所致，最后沦为失效专利。其中，除了部分是因申请日前在国外专利文献中公开外，有相当部分是与中国专利的在先权利相冲突，而造成的结果也就是说这项专利的失效是因为有类似的专利在它之前申请了。如果使用这类失效专利，显然会侵犯其他人的专利权。这一方面是因专利的审查制度所致。

(五)基于“未向中国提出申请专利的国外发明创造”和“拒不递交国外申请材料”所形成的失效专利，这些国外专利都经过了科学审查，技术可靠可行，其整体水平及实用价值较高，无偿地使用国外这些先进技术对加快企业发展步伐，提升企业在同行业的竞争实力有很大的帮助。但由于专利的地域性特点，在中国成为失效专利，并不意味着在其他国家的相关专利权也是失效状态。因此，对于那些有出口业务的企业来说，在使用该类失效专利前一定要弄清楚该技术在出口国的专利状况，以免产品出口到专利所辖地域，引起产权纠纷。[1]

二、因人为设计的原因

是指专利发明人或申请人利用专利审查制度或专利法的空隙，为了保证自己的利益有意布设的失效专利陷阱，这样的专利一旦被使用，必然发生对其他专利侵权的情形。形成的原因如下：在专利法中只规定了一件发明只能授予一项专利，

[1] 孟婷婷、贾宝平：《利用情报分析方法降低失效专利侵权风险》，中国新技术新产品，2011年15期，黑龙江省科学技术情报研究所。

但并没有规定一件发明就只能申请一次专利，这就为一些专利发明人或申请人提供了专利申请过程中的操作契机。其具体作法是一件发明先申请一次或多次发明专利，尔后过些日子再申请一次实用新型，顺利的话就会在一年左右后，即在专利说明书全文公开之日以前收到实用新型专利授权通知书，这个时候此专利已经受到了保护。等到时机成熟之后再启动其中一件发明专利申请的实审程序，当有一件发明专利申请批准后，放弃该实用新型专利权，从而该实用新型专利变为失效专利，但是其保护的内容已经转移到被批准的新的发明专利上来。另外，还可对两个权利要求书内容非常相近或几乎相同的实用新型都申报专利权，然后，选其一放弃其专利权而将另一个专利权继续维持。

至于一项专利为什么既能获得实用新型专利权又能获得发明专利是由于专利审批制度本身的原因。因为专利审批制度中对于实用新型专利申请，专利局只进行形式审查并不进行实质审查，而形式审查一般在另一项发明专利申请公开之日以前就完成了。因此，虽然发明专利申请在先，实用新型专利的审查却根本没有去进行检索查新，自然该实用新型也就能获得专利权了，除非这项申请是早已经公开并且审查员一眼就看出这明显是现有技术。同时，由于发明专利申请在先而审查员是不会去检索在发明专利申请日以后的专利申请文件的。因此，实用新型专利申请不会对发明专利申请的审批有障碍，发明专利在其他条件符合的情况下，自然也就能获得专利权了。

当申请人的发明专利申请有多次，且他所启动的实审程序申请案不是最早申请的那一份时，由于专利法对抵触申请的一个先决条件是他人的申请，即本人的申请不构成抵触申请。因此，在这项发明没有同他人重复的情况下，审查员会等到专利申请符合授予专利权的其他条件时，通知申请人进行修改或选择，这样自然就能达到多次申请之目的。

可别小看这个法律空子，它对发明人或申请人至少有四大好处：

(一)可以实现在发明专利公开之前取得相应实用新型专利的保护，待发明专利审批下来后，放弃实用新型的保护，而转换为发明专利的保护，从而实现了对自己发明权的最大保护。

（二）在发明专利实审过程中，对审查员发来审查意见通知书的意见陈述及修改，是一件非常困难的事情。若保守一点，原本属于他的权利就会失去；若胆大一点，又很可能招致一张驳回通知书。于是大多数申请人会趋向保守，而痛心地丢掉了一些成果权利。但如果他有了多次申请，就可以大胆地陈述和修改，不怕驳回。如果一旦真的被驳回，他还可以再启动另一项申请，反正有的是申请。

（三）因为一项发明有了多次申请，他就可以一次一次地要求优先权，以最大限度地保护他发明的申请日。

（四）也是发明人或申请人最大最实惠的好处，同时也是专利发明人或申请人布设失效专利陷阱的根本目的：因为在他的这类失效专利中，每一个对应一个同文专利或相近专利正处于有效期内，他以守株待兔的方式，时刻关注其失效专利的被使用情况。你一旦使用了这类失效专利就必然发生侵权事件，从而被死死地叼住，要么他诉诸法庭，让你吃了官司又赔偿，要么庭外和解向你高额索赔。但最终结果只有一个，就是你必须被动地理赔，其费用有可能比你购买其同文专利或相近抓你还要高出多倍。这些都是使用者没有想到也是不希望出现的情形，但这恰恰是这些发明人和申请人设伏好的、也是他非常希望出现的情形。●

三、因从属专利发生的原因

专利虽然原则上都具有新颖性，但其创新的程度并不相同，专利与通常所说的技术本身并非完全一一对应的关系，很多都是在原有技术基础上的改进，有的专利可能仅仅是某一技术的一个发展阶段的总结，甚至只涉及该技术中的一个小的技术点。这种情况，比较典型的就是专利业界常说的“从属专利”和“改进专利”的概念。

“从属专利”的概念在《北京高院专利侵权判定若干问题的意见》第

● 齐维轩：《论情报专项服务中失效专利的雷区规避问题》，情报杂志，2001 年 02 期，西安邮电学院。

一百二十一条有比较详尽的解释：从属专利，又称改进专利，指一项专利技术的技术方案包括了前一有效专利；即基本专利的必要技术特征，它的实施必然会落入前一专利的保护范围或者覆盖前一专利的技术特征，它的实施也必然有赖于前一专利技术的实施。

从属专利的形式主要有：(1) 在原有产品专利技术特征的基础上，增加了新的技术特征。(2) 在原有产品专利技术特征的基础上，发现了原来未曾发现的新的用途。(3) 在原有方法专利技术方案的基础上，发现了新的未曾发现的新的用途。

这些原有的技术就有可能是有效的专利，而从属专利或者叫改进专利由于一般都是从其他专利的基础上进行改造而产生的，如果原始专利仍然有效，那这些从属专利的实施需要原专利权人的认可，如果此从属专利为失效专利，不考虑原始专利情况使用，则对原来的没有失效的原始的专利产生了侵权。

四、因专利的地域性原因

专利的地域性，就是对专利权的空间限制，是指在一个国家所授予的专利权，完全是独立的，只能在该国家的范围内有效，对于其他国家不发生法律效力，即专利权无“域外效力”。如果专利权人希望在其他国家获得专利保护，就应当依照其他国家的法律另行提出申请，并在被授予专利权后才能使其发明创造得到该国的法律保护。假设一项发明在美国得到专利权，在中国没有得到专利权，那么这项发明在中国就属于失效专利，可以被中国企业免费使用。但如果将使用该技术在中国生产制造的产品销售到美国或该技术取得专利权的其他国家，就属于侵权行为。

五、因专利延期产生的原因

专利制度从某种程度上为了保护发明人或者申请人的利益的同时促进社会进步，所以专利有最大的期限，但在实际的应用过程中部分国外专利为了保护企业发明创造的积极性，允许对其专利进行延期，主要体现为在美国申请的药品等专利。为了补偿专利寻求行政许可的期限，美国在1984年开始实施《药品价格竞争和专利期限补偿法》第二篇。该篇延长了专利寿命，以补偿专利权人开发新产品和等待政府许可的时间，适用于保护人用药品、医疗器械、食品或者颜料添加剂的专利。1988年，美国《动物仿造药和专利期限补偿法》生效，该法把专利期限补偿规定延伸到了动物药领域。1995年6月8日生效的《乌拉圭回合协议发》改变了美国专利的寿命。对于该日之前授权的专利，专利寿命从授权日开始延续17年。此后授权的专利，寿命从申请日开始延续20年。不过，对于需要寻求上市许可的医药专利，这不是其实际专利寿命。按照美国的专利期限补偿制度，一个专利最多可以延长保护5年。

在美国的专利期限补偿制度中，两大机构承担着主要职责：美国食品和药品监督管理局(FDA)要帮助美国专利和商标局判定某产品的专利期限补偿资格，向后者提供上述产品的法律审查期限方面的信息，并负责确定专利补偿的期限。另外，FDA得听从后者就专利权利要求解释、专利有效性方面的意见——例如某项产品是否落入待延长的专利权利要求、该权利要求是否有法律效力等。后者负责签发专利期限补偿令状。

FDA批准某药物上市，无论该药物能否商业化，能否上市，专利期限补偿申请书必需在批准后60日内提交到美国专利与商标局。指向药物、药物使用方法、药物生产方法的专利权利要求可以从原始的专利保护期届满日开始获得补偿性保护期。但是，申请人必需证明如下事实：有关专利尚未失效；有关专利尚未获得过补偿保护期；专利所有者或者代理人也提交了期限补偿申请书，该申请书包含专利信息、专利寻求及FDA上市许可的信息；有关专利的商业化开发或者应用遵从了法律审查期限方面的规定；有关专利产品、专利方法生产的产品是行政法律审查后第一次获得上市许可的那个产品。

美国的延长期等于1/2(临床试验阶段时间)+申报阶段时间，延长期一般不超过5年。

FDA于2003年8月18日在一项最新规定中对专利药商向仿制商提出专利

侵权诉讼事宜作出了限制，规定专利药商对于一项仿制申请只能获得一次 30 个月的专利自动延展，美国立法可以对符合一定要求的医药专利进行续期。图 6 为美国部分延期专利表。

Patent No.	Tradename of Approved Product	Original Exp. Date (Note 1)	Extension	Approval Date (If Relevant) (Note 2)	Extended Expiration Date
RE 27,757	CARDIOVERTER/ DEFIBRILLATOR SYSTEM	26-Oct-88	2 years		26-Oct-90
RE 30,577	BEPADIN/VASCOR	08-Jun-93	2 years		08-Jun-95
RE 30,633	DEMADEX	19-Apr-94	5 years		19-Apr-99
RE 30,811	ENKAID	20-Dec-94	2 years		20-Dec-96
RE 30,910	DEURSIL	07-Jan-92	2 years		07-Jan-94
RE 31,244	PINDAC	08-Nov-94	2 years		08-Nov-96
RE 32,969	ORCOLON	14-Oct-02	897 days*	29-Mar-91	29-Mar-05
RE 33,653	PROLEUKIN	19-Oct-02	1,294 days*	05-May-92	05-May-06
RE 34,440	DIFFERIN	24-Mar-09	433 days	31-May-96	31-May-10
RE 34,712	LEXAPRO	08-Jun-09	828 days		14-Sep-11
RE 34,617	OLEAN	12-Feb-96	2 years***	30-Jan-96	12-Feb-98
RE 34,878	STARLIX	28-Mar-06	1,260 days		08-Sep-09
RE 35,524	ETOPOPHOS	04-Aug-07	1,017 days	17-May-96	17-May-10
RE 36,128	AQUEOUS ARYL FLUOROPHOSPHITE SUSPENSION	27-Mar-07	1,390 days	15-Jan-97	15-Jan-11
RE 36,755	ENBREL	07-Mar-12	230 days		23-Oct-12
RE 37,035	PRANDIN	05-Sep-06	921 days		14-Mar-09
RE 37,314	CRESTOR	12-Jun-12	1,305 days		08-Jan-16
RE 37,721	ZETIA	16-Jun-15	497 days*	25-Oct-02	24-Oct-16
RE 37,806	XIGRIS	28-Oct-14	389 days	21-Nov-01	21-Nov-15
RE 39,128	ALTABAX OINTMENT	27-Oct-18	898 days*	12-Apr-07	12-Apr-21

图 6　美国专利延期统计表（部分）

其中名为格列卫 (GLEEVEC) 的药品的专利生效日期是 1996 年 5 月 28 日，原始专利期是到 2013 年 5 月 28 日，实际专利期延长了 586 天，一年半多一些，到 2015 年 1 月 4 日才失效。下图为格列卫 (GLEEVEC) 的专利延期授权书。

UNITED STATES PATENT AND TRADEMARK OFFICE

(12) CERTIFICATE EXTENDING PATENT TERM
UNDER 35 U.S.C. § 156

(68)	PATENT NO.	:	5,521,184
(45)	ISSUED	:	May 28, 1996
(75)	INVENTOR	:	Jürg Zimmerman
(73)	PATENT OWNER	:	NOVARTIS CORPORATION
(95)	PRODUCT	:	Gleevec® (imatinib mesylate)

This is to certify that an application under 35 U.S.C. § 156 has been filed in the United States Patent and Trademark Office, requesting extension of the term of U.S. Patent No. 5,521,184 based upon the regulatory review of the product Gleevec® (imatinib mesylate) by the Food and Drug Administration. Since it appears that the requirements of the law have been met, this certificate extends the term of the patent for the period of

(94) 586 days

from May 28, 2013, the original expiration date of the patent, subject to the payment of maintenance fees as provided by law, with all rights pertaining thereto as provided by 35 U.S.C. § 156(b).

I have caused the seal of the United States Patent and Trademark Office to be affixed this 7th day of January 200·

JAMES E. ROGAN
Under Secretary of Commerce for Intellectual Property and
Director of the United States Patent and Trademark Office

图 7 格列卫（GLEEVEC）专利延期授权文件（部分）

第六节 避免采用失效专利侵权的方法

鉴于以上原因，为了避免失效专利在利用过程中产生侵权，特提出以下方法对失效专利进行筛选，以避免发生侵权的情况：

一、专利情报分析

专利情报分析是指对来自专利说明书、专利公报中大量的、个别的专利信息进行加工及组合，并利用统计方法或技术手段使这些信息具有纵览全局及预测的功能，并且通过分析将原始的专利信息从量变到质变，使它们由普通的信息上升为企业经营活动中有价值的情报。由于专利具有创造性、新颖性和实用性特点，专利信息成为社会和企业科学研究成果和新产品开发的重要信息来源。专利情报分析不仅是保障企业技术竞争领先的有效措施和得力手段，成为企业技术创新的重要内容，也是企业获取竞争优势的重要手段。

（一）专利情报分析的方法

1. 常用的情报分析方法

专利情报分析方法是以文献计量学为基础，借助于其他学科的知识和有关工具而进行的。以前，专利情报分析主要是手工从专利文献中抽取大量的专利信息，利用有关统计方法，结合行业经验进行分析处理、探索隐藏在专利文献背后的情报，来为企业技术创新管理作决策服务。

第一种"原文分析法"，通过检索竞争对手企业的专利说明书，对其进行仔细阅读、认证分析来掌握竞争对手新产品新技术的开发特点，包括寻找空隙法、技术改进法、技术综合法和专利技术原理法。

第二种"简单统计分析法"，按照专利发明人、专利申请人、专利分类号和专利文献的数量分别进行统计分析，通过对相关情况的统计分析，能够了解各国科技进步的现状、技术研究兴趣或热点的转移情况，能在一定程度上摸清当前技术发明人的注意力以及该项技术领域发展的去向，可以看出在某一技术领域的竞争情况，甚至可以判断出最活跃的领域。

第三种“组配统计分析”，通过对专利统计中专利分类号、专利权人、专利申请日(授权公布日)和专利申请国进行组配统计，由此获得各种统计信息，然后对这些统计信息进行分析。

第四种“关键词频统计”，对重复申请的专利进行删除，然后从专利权项、摘要和标题中抽取若干带有技术实验概念的关键词，对关键词的频数进行统计，对出现概率比较高的关键词进行逻辑组配，进行技术概念的再理解。

第五种“技术细分后再统计”，按等级树原则对某一技术进行技术细分展开，对其下位概念逐项进行统计。

第六种“指标变化图表和技术动态及特征比较表”，技术动态及特征表主要用来从技术领域、产品的某些功能等角度反映不同年度和不同企业申请专利的技术动态和特征，从而比较每个企业的技术开发趋势和方向。

第七种“矢量动态模型法”，专利文献除了反映科学技术的量变关系外，还隐含着科技发展的方向，因此，借用矢量的概念来加以表示。应用矢量模型法就是把统计的动态数据实行矢量模型化，尔后对科学发展动向加以评价和预测。

第八种“专利引文分析法”，对专利文献引用参考文献的现象进行分析研究，揭示其数量特征和内存规律，并据此进行技术发展趋势的评价。

第九种“专题资料分析法”，根据专利文献在国际发明分类表中的分散性，在某专题文献资料的地理分布、研究内容等进行排列组合和分析研究，从中预测世界上创造发明活动最活跃的国家一级侧重研究的领域等。

2. 情报分析方法最新发展随着计算机的普及、信息技术和网络技术的发展，专利情报分析逐渐从手工处理过渡到了以计算机为工具的时代。这对专利情报分析提供了极大的便利条件，而且也促使专利情报分析方法向自动化、智能化、可视化方向发展。

(1) 计算机的量化处理

要对每个领域中所包括的成百上千专利文献进行量化分析，应必须对这些专利文献的申请日、主分类号、优先权申请国、申请人、公开号等著录项进行检索、筛选、统计，并绘制图表。用手工方法显然是极费时费力的。为此需要创建专利情报分析数据库，并采用计算机分析、统计数据库中专利文献著录项的方式对专利文献进行量化分析。

在专利情报分析数据库中，运用 EXCEL 电子表格所具有的强大功能，对每一项著录项目进行排序，从中筛选出每年、各国、各公司的专利申请号，再对上述各项进行数量统计，就可由针对性地作出统计图表，从各个方面了解该领域的专利发展情况。具体来说，主要包括：

①专利申请数量的年代分布，可以预测出某技术领域的未来发展态势；②专利文献的技术主体分类，可对技术主体进行分类统计并做成技术主体分布图；③以优先权所属国统计各国的本国专利申请量，可以了解各国家在该领域的技术经济实力；④各公司所拥有的专利数量统计，可了解各公司在该技术领域的技术经济实力；⑤各公司国外专利申请情况，对具有两个国家以上的专利申请进行数量统计，画出各公司国外专利申请数量的分布图；⑥各国专利申请数量的分布情况，查清在不同国家所面临的竞争对手，可以了解外国公司在这些国家的市场竞争程度；⑦各国家专利的申请情况统计分析，可了解在每一个国家内各公司的竞争态势。

(2) 基于相似函数的专利情报分析方法

这里所述的相似函数包括：基于专利引文的相似函数和基于术语并发的相似函数，基于文献中术语的并发性的相似函数也是有效的。可靠的数据源提供了每篇文献的一致的索引术语，这些用来建立基于术语并发的相似函数。

这个函数使用 SQL 查询语句很容易执行。计算出文献间的相似值后，利用力定向配置法或自组织神经网络技术来将文献映射到二维空间中，形成文献聚类，以探索文献间的关系。力定向配置法就是在开始的时候，所有的文献都放置在平面中心位置，文献之间的作用力与它们的距离成反比，与它们的相似值成正比，如果相似值大于0，则为吸引力，否则为排斥力，力的方向遵守力学中库伦法则。此过程反复进行，直到形成一个稳定的文献映射图。一般使用的是一个的自组织神经元矩阵。在训练完成后，N维空间中的神经元连接权的密度分布于训练矢量的密度分布相匹配。

（二）专利情报分析的种类

总的来说，专利分析分为定量分析和定性分析两种：

1. 定量分析

定量分析主要是通过专利文献的外表特征进行统计分析，也就是通过专利文献上所固有的标引项目来识别有关文献，然后对有关指标进行统计，最后用不同方法对有关数据的变化进行解释，以取得动态发展趋势方面的情报。

(1) 统计的对象与角度

① 统计对象一般是以专利件数为单位。

② 统计可按专利分类、专利权人、年度、国别等从不同角度进行。当按分类对专利信息进行统计时，根据各个领域内专利数量的多寡，可得知哪些科技领域的发明行为最为活跃，哪一种技术将得到突破，哪些是即将被淘汰的技术。如果对专利信息按国别进行统计，就可以发现被统计国家的科技发展战略及其在各个领域所处的地位。这种统计结果有助于人们了解某一时期各国科研和开发的重点。如果对专利按专利权人进行统计，可以发现某个领域重要的技术拥有者，或者哪个公司在该领域具有重要地位。

(2) 统计的主要指标

① 专利数量。某一技术类别的专利数量可以用于衡量这一技术领域技术活动的水平；而某一公司或某专利权人历年申请的专利数量反映了其技术活动发生、发展的过程及发展趋势等。利用专利数量可以进行各国在不同时期、不同领域技术活动产出和谋求工业产权保护意向的比较。

② 同族专利数量。某一发明的同族专利数反映了这个公司专利申请地域的

广度，也反映了此发明的潜在价值——由于需要翻译和专门的法律帮助等费用，在国外申请专利比在自己国家要昂贵得多，只有那些被公司认识到最有商业价值的发明才会在多国申请专利，以便保护今后的投资和产品输出的独占权。

③ 专利被引用次数。某一专利被后续专利引用的次数可以反映此专利的重要程度，因为一项重要的专利出现以后，会伴随出现大量的改进专利产生，这项重要专利会被改进专利重复引用。引用情况揭示了专利之间的联系，可用于跟踪对应于不同技术的专利网络，发现处于不同技术交叉点上的专利。

④ 专利成长率。专利成长率测算的是专利数量成长随时间变化的百分率，可显现技术创新随时间的变化是增加还是迟缓。例如专利季成长率是将一企业于某季所获得的专利数量与前一季所获得的专利数量相比较，计算出该季所获专利较前一季增减幅度的百分比率。专利年成长率测算的是和上一年相比专利增长变化的百分比，用来衡量一年来技术活动发展的变化状况。

⑤ 科学关联性。科学关联性测算的是专利 (标的专利) 所引证的科研学术论文或研究报告数量，该指标衡量的是专利技术和前沿科学研究关系。科学关联性的数值具有产业依存性：机械行业的科学关联性平均数值将近为零，而高科技生化产业可能高达 15。

⑥ 技术生命周期。技术生命周期测算的是企业的专利在其申请文件扉页中所引证专利技术年龄的平均数。因此技术生命周期可以这样理解：是最新专利和最早专利之间的一段时间。如果技术生命周期较短，意味着正在着力研发一门相对较新的技术，而且这门技术发展创新的非常快。技术生命周期具产业依存性，相对热门的产业技术周期较短，如电子类的约 3~4 年，而制药类的约为 8~9 年，造船类的可能长达 15 年。

⑦ 专利效率。专利效率测算的是一定的研发经费支出所创造的专利数量产出，此项指标用来评估企业在预定时间内专利数量产出的科研能力和成本效率。专利数量产出的越多，专利效率越高，则企业的技术研发能力越强。

⑧ 专利实施率。专利实施率能否被有益地实施、能否带来科技创新对于那

些还未实施的专利技术来说还是一个未知数。一般的发明专利的实施都还要经过一个开发过程，而开发不是都能成功的，有不少发明专利技术在开发过程中因技术难点解决不了或在现有技术条件下达不到预期效果，不得不半途而废或最终放弃。可以通过技术性能、经济效益、社会效益、市场因素、产业化开发和生产能力、宏观环境以及产业化风险等多个角度对发明专利的实施进行衡量。专利实施率越高，则专利对于技术发展、技术创新作出的贡献越大，和技术发展结合得越紧密。中国的专利实施率仅仅维持于 30% 左右，远远低于欧美日各国的水平。

⑨ 产业标准化指标。在跨产业横向比较的时候，产业之间的差异给不同产业之间的专利指标数值的比较带来了麻烦，为此需要使用产业标准化指标。产业标准化指标的数值是将一个企业的指标值除以企业所在产业该指标的平均值得出的。例如，在化学产业有 30 家企业，它们的科学关联性的平均数值为 3.7，那么每一个化学企业科学关联性的标准指标值应该是通过各企业科学关联性的指标值除以 3.7 得到的。通过这种方式，可以消除不同产业所带来的不同影响，进而找出每个产业内表现最好的那个企业。

(3) 统计的主要内容

① 专利技术按时间的分布研究。即以时间为横轴、专利申请量 (或批准量) 为纵轴，统计专利量随时间的变化规律，一般用于趋势预测。任何技术都有一个产生、发展、成熟及衰老的过程，历年申请的专利数量、专利引文数量变化可以确定该技术的发展趋势及活跃时期，为科研立项、技术开发等重大决策提供依据。而对不同技术领域的专利进行时间分布的对比研究，可以确定在某一时期内，哪些技术领域比较活跃，哪些技术领域处于停滞状态。

② 专利技术按空间的分布研究。即通过不同公司、企业间的专利数量对比，来反映他们的技术水平与实力。空间分布一般用于识别竞争对手，分析其技术策略等。将某一技术类别的专利申请按专利权人进行统计，可以得到某项技术在不同公司或企业间的分布，了解哪些公司或企业在该领域投入较多、专利活动较活跃、技术水平较领先；而对不同技术类别各公司的专利频数进行统计，可以了解

各公司最活跃的领域，即其开发的重点领域。另外，通过检索某一专利的同族专利，可以得到这些专利申请的地理分布，从而判断其商业价值，了解某公司技术输出的重点领域；也可以为技术引进提供依据，为产品出口避开对方的保护区提供情报。

(4) 度量技术发展不同阶段的统计参数。

技术生长率 V：$V=\frac{a}{A}$。其中 a：当年发明专利申请数 (或批准数)；A：追溯 5 年的发明专利申请累积数 (或批准累积数)。连续计算数年，V 值递增，说明该技术正在萌芽或生长阶段。

技术成熟系数 α ：$\alpha=\frac{a}{(a+b)}$。其中 a 同上，b 为当年实用新型专利申请数 (或批准数)。连续计算数年，α 值递减，反映技术日趋成熟。

技术衰老系数 β ：$\beta=\frac{a-b}{(a-b-c)}$。其中 a、b 同上，c 为当年外观设计专利或商标申请数 (或批准数)。连续计算数年，β 值递增，预示该技术日渐陈旧。

新技术特征系数 N：$N=v^2+\alpha^2$。其中 v 为技术生长率，α 为技术成熟系数。是反映某项技术新兴或衰老的综合指标，N 值越大，新技术特征越强，预示它越具有发展潜力。

2. 定性分析

定性分析也称为技术分析，是以专利说明书、权利要求图纸等技术内容或专利的“质”来识别专利，并按技术特征来归并有关专利使其有序化。这和统计分析仅依靠专利文献外表特征是有很大区别的。定性分析一般用来获得技术动向、企业动向、特定权利状况等方面的情报，从而达到调查技术动向的目的。可以从发明的用途、原理、材料、结果和方法等五个方面来考虑重要专利的内容，并将重要专利按照内容的异同分类。如果专利内容以原理为主，说明这项技术尚未成熟；如果专利内容以用途的多样性为主，则说明技术已能实用。另外，将某技术领域各主要公司的专利按专利内容列表分析可以看出各公司的技术特色及开发重点；将有关专利按技术内容的异同分成各个专利群，对某一公司拥有的不同专利群或对不同时期专利群变化情况进行分析，可以对某项技术或产品发展中的关键问题、今后发展趋势及应用动向、与其他技术的关系等进行分析与预测。

由于涉及技术的具体内容，定性分析的工作比较繁重、复杂。至于用定量分析还是定性分析，应视所希望解决的问题和掌握的专利数据而定。事实上，经常需要将定性分析与定量分析结合起来才能达到好的效果。比如，可先通过定量分析确定哪些公司在某一技术领域占有技术优势占有技术优势（专利申请量或批准量可以反映技术活动水平），辨别这一技术领域的重要专利（某一专利被后续专利的引用数反映专利的重要性），然后再针对这些公司的重要专利进行定性分析。

专利信息的定量分析与定性分析，一个是通过量的变化，一个是通过内在质的变化来反映技术的发展状况与发展趋势。两者既有区别，又存在必然的联系。量的分类需要根据质，质的体现又要通过量。因此在实际工作中，将两者配合使用会获得更好的效果。

（三）专利情报分析的案例

1. 深圳市华为技术有限公司重视专利文献与信息的研究，他们运用定量、定性分析方法的基本原则，结合本公司实际，将专利文献与信息中的技术内容、人（专利申请人、发明人）及时间（专利申请时间、专利公告日）与地点（受理局、指定国、同族专利项）四个方面分析研究专利文献，并分别从每个方面为主，进行统计分析及研究，从而从以下几方面为本公司的研究开发和策略制定提供依据。

(1) 根据专利申请量（专利申请总量或年度申请量）随时间的变化情况，分析该技术的发展史、发展总趋势和现在所处阶段（技术成熟度）。

(2) 根据各产品或分技术领域的专利申请量预测新技术发展方向和市场趋势，为公司发展策略的制定提供参考。

(3) 从各厂商在不同分领域，不同技术路线上的专利量分析出该厂商的技术策略。

(4) 从各厂商在不同分领域，不同技术路线上的专利量分析出该厂商的技术策略。

(5) 对关键技术问题进行专利分析，找出不同的技术路线和技术解决方案。

(6) 对中国专利的特别分析，找出可能与之冲突的专利进行分析，提出规避、无效、撤销专利权的意见，防止侵犯他人专利权。

(7) 通过相关专利技术的分析比较来确定技术保护策略，或分析技术的专利性。

(8) 检索分析技术贸易中涉及的专利技术的法律状况和可性利用，防止欺诈。

(9) 对各国的专利申请和授权情况进行分析，确定产品的市场范围。

专利的定性分析要有很强的针对性。比如，为了扩大出口，占领国外市场，在进行专利文献与信息的研究分析时，除了要重视对国内专利技术信息和专利法律信息的研究外，还要加强对国外专利文献中的技术信息、经济信息的研究。还要根据其开拓与发展海外市场的需要，针对不同的产品和技术，跟踪国外竞争厂商在世界各国的市场活动情况，或者针对具体确定的厂商，跟踪其在世界各国市场中的技术与产品情况。通过这样全面的研究，制定公司在海外生产或向海外输出产品的发展策略。

2. 兰州化学工业公司化工研究院在利用专利文献过程中，对苯、乙苯、苯乙烯和聚苯乙烯的国外生产技术及设备进行专利分析。其中包括专利申请和专利保护分布，专利技术综述，以及专利要点分析。通过统计、分析、研究，掌握了上述化学产品及技术发展的历史、现状及发展趋势，从而根据国内的苯、乙苯、苯乙烯和聚乙烯的生产及技术现状，提出并制定了今后发展的经营策略。

二、专利法律状态分析

（一）专利法律状态检索的概念

专利法律状态是指专利或专利申请当前状态或所处的阶段。通俗地讲，专利法律状态就像一件专利的生平介绍一样，将这件专利自申请直至失效的每个重要时点的信息进行记录。

专利法律状态检索是指对一项专利或专利申请当前所处的状态进行检索，其目的是了解专利申请是否授权，授权专利是否有效，专利权人是否变更，以及与专利法律状态相关的信息。由于专利的法律状态是动态变化的，要想判断一个专利是否真的是失效专利，首先要对专利的法律状态进行检索，并进一步通过专利登记簿加以证实。

专利登记簿是发明、实用新型和外观设计专利申请授予专利权后，专利局记录其法律状态及其有关事项的文件。一项专利，随着法律状态的变化，其受专利法保护的程度也随之变化，适时的专利法律状态检索，可以帮助企业或研究机构规避侵权，合理、有效利用失效专利信息。

通过专利法律状态检索，我们所获得的信息包括：

1. 专利权有效

专利权有效是指在检索当日或检索日前，被检索的专利已获得权利，并且至检索日之后的下一个交费日前专利是有效的。这时法律状态为专利权有效。

2. 专利权有效期届满

专利权有效期届满指在检索当日或日前，被检索的专利已获权，但至检索当日或日前专利权有效期已超过专利法规定的期限 (包括超过扩展的期限)，该法律状态称为专利权有效期届满。

3. 专利申请尚未授权

专利申请尚未授权指在检索当日或日前，被检索的专利申请尚未公布，或已公布但尚未授予专利权，该法律状态为专利申请尚未授权。

4. 专利申请撤回

专利申请撤回是指在检索当日或日前，被检索的专利申请被申请人主动撤回或被专利机构判定视为撤回，该法律状态称为专利申请撤回。

5. 专利申请被驳回

专利申请被驳回是指在检索当日或日前，被检索的专利申请被专利机构驳回，该法律状态称为专利申请驳回。

6. 专利权终止

专利权终止指在检索当日或日前，被检索的专利虽已获权，但由于未交专利费而在专利权有效期尚未届满时提前失效，该法律状态称为专利权终止。

7. 专利权无效

专利权无效指在检索当日或日前，被检索的专利曾获权，但由于无效宣告理由成立，专利权被专利机构判定为无效，该法律状态称为专利权无效。

8. 专利权转移

专利权转移指在检索当日或日前，被检索的专利或专利申请发生专利权人或专利申请人变更，该法律状态称为专利权转移。

9. 专利权质押

专利权质押指在检索当日或检索日前，由债务人或第三人将其专利权中的财产权设定质权，在债务人不履行债务时，债权人有权依法就设质专利权中的财产权的变价款优先受偿的担保方式。专利权质押后，专利权仍归属于原权利人，但该专利权已成为有负担的权利，权利的行使受到限制。

（二）主要国家专利法律状态的检索

1. 在各国专利审批机构查询专利登记薄

专利审批机构对每件被授予专利，从授予专利权起建立专利登记薄。专利登记薄是专利审批机构专门用来登记专利著录项目、专利手续和专利法律状态变更的法律文件。包括专利权的授予、无效宣告、终止、恢复、质押、保全及解除，专利申请权及专利权的转移，专利实施许可合同的备案，专利实施的强制许可，专利权人的姓名或名称、国籍、地址的变更等。

中华人民共和国国家知识产权局
STATE INTELLECTUAL PROPERTY OFFICE
OF THE PEOPLE'S REPUBLIC OF CHINA

专利登记簿副本

专利号：200620030674.7　　　　（正 页）　　　　证书号：916751

I 著录项目

实用新型名称：一种生物质燃烧器
专 利 权 人：孔繁利
专利权人地址：河南省新乡市建设路157号2单元1号
专利权人邮政编码：453002
国籍或总部所在地国家：中国
发　明　人：孔繁利

主 分 类 号：F23D 21/00
申　请　日：2006.07.03　　　　公　告　日：2007.06.27
　　　　　　　　　　　　　　　授　权　日：2007.06.27

II 登记事项

--截止至办理本专利登记簿副本之日，该专利权有效。

中华人民共和国国家知识产权局
2009年08月27日

（1）本专利登记簿副本除扉页和封底外，共壹页
（2）该专利年费已缴纳至2010年7月3日

图 8　专利登记薄

2. 各主要国家专利法律状态检索网址

中国知识产权局	法律状态检索系统	国家知识产权局网站：http://search.sipo.gov.cn/sipo/zljs/searchflzt.jsp
		中国知识产权网：www.cnipr.com
	复审信息检索系统	http://211.157.104.77:8080/reexam/searchdoc/search.jsp
美国专利商标局	专利申请信息检索系统(PAIR)	http://portal.uspto.gov/external/portal/pair
	专利撤回检索	http://www.uspto.gov/patents/process/search/withdrawn.jsp http://www.uspto.gov/web/offices/opc/documents/pgpubwd.pdf
	专利保护期延长检索	http://www.uspto.gov/patents/resources/terms/index.jsp
	专利权转让检索	http://assignments.uspto.gov/assignments/?db=pat
欧洲专利局	ESP@CENET 检索	http://ep.espacenet.com/
	EPOLINE 检索	http://www.epoline.org/portal/public
	英文检索界面	http://www.ipdl.inpit.go.jp/homepg_e.ipdl
	日文检索界面	http://www.ipdl.inpit.go.jp/homepg.ipdl

图 9　各主要国家专利法律状态检索网址

3. 国家知识产权局专利法律状态检索示例

国家知识产权局网站公开了包括 1985 年 9 月 10 日至今的中国专利法律状态信息，具体检索方式如下：

(1) 进入中国国家知识产权局网站 www.sipo.gov.cn

(2) 在首页右下方点击法律状态检索，进入中国专利法律状态检索页面——三个检索入口，检索入口 1：专利号或申请号；检索入口 2：法律状态公告日；检索入口 3：法律状态，需注意版权声明中“即时准确的法律状态信息应以国家知识产权局出具的专利登记薄记载的内容为准。”(3) 在相应的检索入口输入相关信息，即可检索到该结果，检索结果按照公布日期从最近到最初的顺序显示该项专利经历的所有法律状态。

三、同族专利分析

如果一项专利通过法律状态检索后确定是失效专利，则最好判断其同族专利是否失效，以降低引起的专利侵权风险。同一项发明创造在多个国家申请专利而产生的一组内容相同或基本相同的文件出版物，称一个专利族。在同一专利族中，每件文件出版物互为同族专利。要想判断一个专利的同族专利是否失效，首先要进行同族专利检索，检索出该专利的同族专利，然后再对它的同族专利进行法律状态检索。

（一）同族专利的产生

专利文献大量重复出版的结果，形成了一组组由不同国家出版的内容相同或基本相同的专利文献。各组专利文献中的每件专利说明书之间，通过一种特殊的联系媒介——优先权，相互联系在一起。

所谓优先权，是巴黎联盟各成员国给予该联盟任一国家的专利申请人的一种优惠权，即联盟内某国的专利申请人已在某成员国第一次正式就一项发明创造申请专利的，当申请人就该发明创造在规定的时间内向该联盟其他国家申请专利时，申请人有权享有第一次申请的申请日期。发明和实用新型的优先权期限为 12 个月，外观设计的优先权期限为 6 个月。

人们将具有共同优先权的由不同国家公布的内容相同或基本相同的一组专利申请或专利称为一个专利族 (Patent Family)。将专利族中的每件专利文献称为同族专利 (Patent Family Members)。

（二）同族专利的概念

同族专利是指基于同一优先权文件，在不同国家或地区，以及地区间专利组织多次申请、多次公布或批准的内容相同或基本相同的一组专利文献。有时候，有人也会将这个概念扩展为包括对同一技术提出的所有相关专利申请所产生的专利文献，比如下文所称的人工专利族，但容易与专利族的概念混淆。

由至少一个共同优先权联系的一组专利文献，称一个专利族 (PatentFamily)。在同一专利族中每件专利文献被称作专利族成员 (PatentFamilyMembers)，同一专利族中每件专利互为同族专利。在同一专利族中，向第一国申请专利的文件出版物为基本专利。全世界每年公布的一百万件专利说明书中，约有 35 万至 40 万件是基本专利。

例如：

——优先权：优先申请国家——US，优先申请日期——1985.1.14，优先申请号——

690915——专利族：

US4588244(申请日：1985 年 1 月 14 日)

JP61-198582A(申请日：1985 年 11 月 30 日)

GB2169759A(申请日：1986 年 1 月 3 日)

FR2576156A(申请日：1986 年 1 月 13 日)

美国专利 (US4588244) 为基本专利，其他国家的专利 (JP61198582A、

GB2169759A 和 FR2576156A) 均以美国专利申请为优先权，与美国专利共同构成一个专利族。其中的每件专利都是该专利族的成员，简称“同族专利”。

（三）同族专利的种类

WIPO《工业产权信息与文献手册》将专利族分为六种：简单专利族，复杂专利族，扩展专利族，本国专利族，内部专利族和人工专利族。

1. 简单专利族 (Simple patent family)

在同一个专利族中，专利族成员以共同的一个或共同的几个专利申请为优先权，这样的专利族为简单专利族。

2. 复杂专利族 (Complex patent family) 在同一个专利族中，专利族成员至少以一个共同的专利申请为优先权，这样的专利族为复杂专利族。

3. 扩展专利族 (Extended patent family) 在同一个专利族中，每个专利族成员与该组中的至少一个其他专利族成员

至少共同以一个专利申请为优先权，它们所构成的专利族为扩展专利族。

4. 本国专利族 (National patent family) 本国专利族是指在同一个专利族中，每个专利族成员均为同一国家的专利

文献，这些专利文献属于同一原始申请的增补专利、继续申请、部分继续申请、分案申请等，但不包括同一专利申请在不同审批阶段出版的专利文献。

5. 内部专利族 (Domestic patent family)

内部专利族指仅由一个专利机构在不同审批程序中对同一原始申请出版的一组专利文献所构成的专利族。

6. 人工专利族 (Artificial patent family)

人工专利族也称智能专利族、非常规专利族，即内容基本相同，但并非以共同的一个或几个专利申请为优先权，而是根据专利文献的技术内容，人为地进行归类，组成的一组由不同国家出版的专利文献构成的专利族，但实际上在这些专利文献之间没有任何优先权联系。

（四）同族专利的检索

同族专利检索是指对与被检索的专利或专利申请具有共同优先权的其他专利或专利申请及其公布情况进行的检索，该检索的目的是找出该专利或专利申请的同族专利文献（专利）号。从已知的某一个国家一项专利或专利申请的号码（申请号、专利号、公开号、公告号）入手，查找出与其同属一个专利族的其他专利专利申请的有关信息。

同族专利检索系统

——欧洲专利局 esp@cenet 专利检索系统 (http：//ep.espacenet.com)；——印度国家信息中心专利检索系统 (http：//patinfo.nic.in/)；

——德温特公司 DWPI 数据库都可以用于同族专利检索。

目前，esp@cenet 系统的“同族专利”检索，专利文献覆盖国家范围大，能

够按照国家代码排列同族专利，同时还将同一申请的不同公布信息作合并同类项处理，仅对同族专利检索结果进行了申请数量的统计。

同族专利检索方法同族专利检索较其他的专利检索简单容易掌握。首先确定检索依据，然后选择检索系统，最后通过检索工具检索出同族专利。检索依据有：文献号或专利号；优先权，包括优先权涉及的优先权申请国家、优先权申请 Et 期、优先权申请号。

例如：用 esp@cenet 系统检索优先权为 1997.8.25JP228147/97 的 CNl237181(头孢菌素晶体及其制备方法) 的同族专利。其检索步骤如下：

(1) 从 http: /ep.espacenet.com 进入欧洲专利局检索系统；(2) 点击进入“number search”，选择“Including family”；(3) 在提示框中输入“CNl237181”。检索结果如图 10 所示：

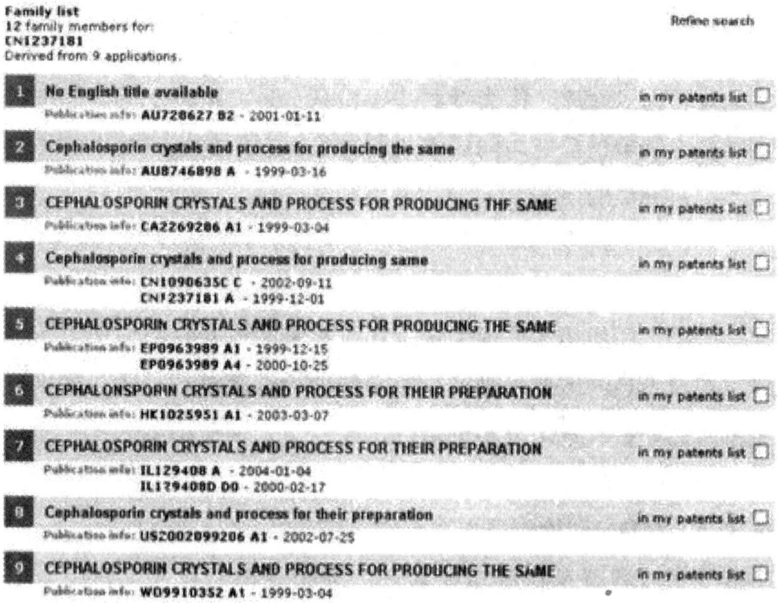

图 10 “CNl237181”检索结果

（五）同族专利的作用

通常情况下，除了仿同族专利由于没有优先权作为联系的基础，检索主要通过技术主题进行外，其他同族专利属于一组具有相同或者接近的发明技术主题，用相同或不相同文种在不同国家多次申请、多次公开或基本相同的一组专利。所以对专利族检索和分析可以获得以下的信息：

1. 通过同族专利了解竞争对手的技术市场分布

同族专利以优先权为联系基础，因此一般情况下，专利的权利人相同或者是专利权转让的受让人。据此，查找相关专利的专利族即可掌握相同的专利权人对该项技术的市场分布和合作伙伴或者技术受让人的分布。并且专利族所拥有的专利数量越大也意味着这项技术对权利人的重要性越大。

2. 关注同族专利在不同国家的审批有利于监测该技术可能的动向

同族专利由于是按照《巴黎公约》在申请后12个月内或6个月内以原申请文件为基础向其他国家提交的专利申请，对于一些技术，发明人在12个月内可能进行了技术的改进，因此通过对同族专利的对比分析可以掌握发明的更新动向。

对于同族专利的审查而言，一般可以通过检索在先申请的审查情况，以帮助分析在后申请专利的授权前景。如某项关于产品的在先申请以不具备新颖性而驳回，则在后申请的原优先权基础部分被驳回的概率非常大。

3. 借助于同族专利减少语言障碍

在阅读专利文献时，经常受到语言不同的干扰，如果能够查找到相同主题的同族专利，将对于理解该技术有非常大的帮助。

（六）同族专利内容的不一致性

同族专利中的每件专利说明书对发明创造的描述并非完全一致，所以更多的人只称其为同族专利，而很少使用相同专利或等同专利(Equivalent Patent)的概念。同族专利对发明创造的描述的不一致性，主要原因有以下三个方面。

首先，任何一项专利申请必须满足所要申请保护的国家的专利法要求。一项发明在不同国家申请专利时，申请人要根据不同国家的专利法对其专利说明书等申请文件作一些适应性修改。

其次，发明创造是一个动态过程。申请人在提出第一份专利申请后，可能又对发明进行了改进或补充。当申请人在优先权规定的期限内向其他国家申请专利时，可以对专利申请文件进行修改，将新的改进或补充写入专利说明书和权利要求书。因此，较后的专利申请说明书中所阐述的技术内容与第一份专利申请相比有所不同。

最后，在一些同族专利检索系统中，把同族专利的范围放得很宽，如仿专利族及国内专利族。作为专利法律信息这是必不可少的，但把各种专利权种类及专利申请都视为同族专利的对象，不论是范围缩小的还是扩大的，也不论是分案的还是合案的专利申请或专利，统统列为同族专利，致使同族专利中每一份专利申请说明书或专利说明书的内容具有较大差异。

因此，人们在检索同族专利时应注意同族专利内容的不一致性，根据检索目的来确定所使用的检索系统。如果检索同族专利是出于克服语言障碍或解决馆藏不足的需要，则使用德温特的检索系统较合适；如果检索同族专利的目的是获取某一发明创造的法律信息，则使用欧洲专利信息与文献中心检索系统更有益处。

四、利用失效专利在有效专利数据库中进行检索

1. 基于该失效专利的完整名称或者相近名称进行检索

一般而言，相同的发明创造，其专利名称可能会相同或者相近，如果出现有重名或者相近名称的，就可以先挑选出其中的有效专利，逐个与该失效专利进行严格比较，特别是对其权利要求书的内容进行对比，若发现两项专利保护的是同样的发明创造，或者该有效专利的保护内容覆盖对方的保护内容，这种情形下的失效专利一定要避免使用。

2. 基于此失效专利的发明人和申请人进行检索

由上面的叙述我们可以知道同一项技术内容可能被申请人几次申请，所以进行发明人、申请人检索以后可以有效避免这种多次申请对失效专利使用产生的影响。

这主要为了避免失效专利原来保护的内容与其他的专利有相同或者部分相同的情况。

3. 基于此失效专利所涉及的技术及技术领域进行检索

采用这种方法一是可以更加准确地辨别专利保护内容的状况，另外，还可以了解相关领域技术的发展情况，有助于更好地开发和实施失效专利。

4. 使用失效专利之前可以与发明人或者申请人联系进行确认

以上的三种方法是基于对数据库的使用上，如果没有碰到问题，可以与其发明人或者申请人进行联系、确认。同时与发明人或者申请人的沟通也能对此失效专利的相关技术进一步了解。

基本上采用以上四种方式以后，可以确定失效专利的法律状态，避免了侵权情形的产生。

将检索出的有效专利和该失效专利从用途、原理、材料、结构和方法等方面进行认真对比分析，并生成预警报告。若发现有效专利与失效专利保护的是同样的发明创造，或该有效专利的保护内容覆盖该失效专利保护的内容，这种情况下的失效专利一定要避免直接使用以免造成侵权。

第五章　失效专利的价值

第一节　失效专利的价值研究

一、失效专利资源的功能

研究失效专利资源的开发利用价值，需要全面考察失效专利信息在社会经济生活中的功效和作用，即失效专利资源的功能，我们不仅要研究其已有的、正在发挥的作用，还要研究其潜在的、未来可能发挥的功效和作用。根据应用部门的对象在教育、科研和企业活动中利用的过程和发挥作用的特点，我们可以把失效专利资源的主要功能归纳如下：

（一）研究与开发功能

科学研究和技术开发，是在前人已经取得相应成果的基础上进行的。因此，我们在从事科学研究和技术开发的各个阶段，都需要获取和利用相关的信息，掌握方向、开拓视野、启迪思维、生产出新知识、新技术和新产品。根据对失效专利开发利用对象的不同，研究和开发功能包括：

1. 创新功能

主要是在教育领域中应用失效专利资源对学生素质教育提高的作用。如通过它对学生授课的实证教学，实现学生的思维启发和创新能力的提高。

2. 创造功能

主要是在科研领域中应用失效专利资源可以帮助广大的研究工作者启发思路，不断创新，帮助广大的科研工作者开发和寻找新产品的同时，提高科研水平的作用。任何单位或个人可以无偿地对失效专利进行改进、创造，发挥出新的功能，并予以实施。在专利许可证贸易中，有一种方式：原发明的专利权人与改进发明的专利权人之间需要达成协议，因为改进者是在原发明基础上进行的改进，改进者的实施中(包括自己实施与技术转让)，须向原专利权人支付一定的专利技术使用费。举个例子：假设现在还没有盛水的杯子，A发明了杯子，B对A的杯子进行改进，加了手柄，加了手柄的杯子将使杯子的功能更加完善：方便打水、杯子盛热水时不怕烫手。但是，手柄不可能脱离杯子单独存在，否则，将失去手柄的功能，就是说，B改进A的发明而作出一项新的发明，不可能脱离A的发明实施。若是A的发明成为了失效专利，在B改进后并实施过程中，则无须向A支付专利技术使用费。

3. 创业功能

是指创建企业或运行企业中的创业者可以无偿地直接实施失效专利资源，由此获得经济效益的经济功能。专利权作为工业产权之一，是专利局授予发明人、设计人对其发明创造享有的专有权。专利权是一种财产权，具有排他性，任何单位或个人未经专利权人的许可不得实施其专利。失效专利则丧失了这种权利，即失去了专利法对其的保护，任何单位或个人都可以无偿地使用。

(二)选择与决策功能

失效专利是科研人员拟订科研课题、制定科研规划、掌握国外科学技术水平、攻克技术难关的主要参考资料，也是新产品试制，技术更新换代的依据。使用失效专利可以避免时间、人力和物力的重复浪费。[1]

二、失效专利资源的评价

(一)失效专利资源评价的意义

失效专利资源评价是开发利用失效专利的一个重要组成部分，只有在开发利用失效专利前对失效专利资源进行评估和认定，才能得出对失效专利开发利用是否有意义并且是否值得去开发的结论，它主要是以教育目标、科研目标和企业目标为依据，运用有效的评价技术和手段，对应用于教育活动、科研活动和企业活动的过程和结果进行测定、分析、比较，并给与价值判断的过程。可以这么说，失效专利评价的目的是验证失效专利到底有多大的开发价值？以教育、科研和企业为价值开发的目标能产生多大的效益？是否值得去开发？

(二)失效专利资源的整体评价

评价是对失效专利应用成效的最终检验，也是失效专利价值的开发能否向纵深发展的关键。失效专利是集教育信息、技术信息、经济信息、法律信息于一体的综合信息源，充分有效地利用失效专利信息资源能够极大地促进教育创新、科技进步和社会生产力的发展。

1. 充分利用失效专利资源中的技术信息，加快教育创新的速度

在世界基础教育改革大潮之中，失效专利评价作为学校教育活动体系活动中不可缺少的组成部分，主要是以知识经济时代为时间坐标参照系，以培养适应未来社会需要的创新人才为基本价值取向，以劳动者在未来社会的“角色需要”为基本出发点，将教育目的具体化为对学生素质培养的目标要求，以指导建立学生素质评价标准，使培养学生创新精神和实践能力的教育真正落到实处。

2. 充分利用失效专利资源中的技术信息，加快科技开发的速度

(1) 失效专利信息中的技术可以启发科技人员的新思路，是进行技术革新、技术改造、设计新产品的思维养料，是发明的向导。根据专利法规定，失效专利

---

[1] 李华：《失效专利的价值开发》，武汉大学硕士学位论文，2004 年。

不受知识产权法律的保护，可以大胆地仿照使用，并且使不需支付专利使用费的专利技术唾手可得。

如某低压电器厂在开发漏电保护开关产品初期，由于忽视了失效专利文献的调研，花了整整一年的时间仍未找到理想的技术方案，后来他们利用了7天的时间，查阅了大量有关的失效专利文献，并从中筛选出6－7篇参考价值较高的专利，在专利文献的启发下，仅用了3天的时间就制定出可行的技术方案，后来又在此基础上进行了进一步的创新，并申请了专利。失效专利文献的技术情报不仅可以启发科研人员的思路，而且可以有效地节约技术开发中投入的人力、物力和财力，因此充分地利用失效专利文献是进行技术革新、技术改造、研制新产品最经济、最节约的途径。

(2) 充分利用失效专利中的技术情报，可以有效地避免重复研究。

在科研中如果首先从调查失效专利文献入手，在前人已有技术的基础上再进行新的创新，无疑可以提高科研起点，大大地提高研究成果的水平。在科技发展日新月异的今天，想要完全不重复别人的劳动不大可能，但通过努力，可以使重复率降至最低限度。

(3) 充分利用失效专利文献中的技术情报，可以免遭重复他人专利所带来的财力、物力、人力的损失。

新产品开发投资立项前的检索可以使你免遭重复他人失效专利所带来的财力、物力、人力的损失。有不少企业未经失效专利检索，盲目上马开发“新产品”，等投资完毕才发现重复了他人在中国申请的有效专利，此时下马为时已晚。这种例子十分普遍，然而事先做了国内专利检索，情况就大不一样了。

(4) 充分利用失效专利中的技术情报，可以了解世界技术水平及发展动向。

实践证明，在众多的情报源中，失效专利文献是进行技术评价及预测最可靠的情报源。这是因为：第一，失效专利文献技术覆盖范围广泛，几乎囊括了人类应用技术领域的一切发明，记录了科学技术从无到有、从低级到高级的发展历史，清晰、直观地反映出技术发展的动向和趋势；第二，失效专利文献数量精确可知，这样可以通过不同技术领域的专利数量进行动态跟踪及计量分析，判断技术发展趋势及新技术和热门技术。

3. 失效专利文献的权利情报及利用失效专利情报包括：要求保护的权利范围；申请人、发明人、专利权人的姓名、地址；专利申请日、专利生效日、优先权日、优先申请国；该项专利失效其他原因、实施情况等。这些权利情报是处理专利纠纷、专利转让及专利技术引进等法律事务的重要依据。失效专利文献是提供专利情报的唯一信心源，在实行专利制度的国家，工商企业都是通过专利文献，例如专利说明书、专利公报等，来获取这类情报的。

(1) 失效专利文献在引进技术创新的应用。

第一，寻找研究、开发课题，确定研究、开发方向阶段。这一阶段通过专利信息分析从总体上了解该技术发展的现状和水平，预测其发展趋势和动向，通过有关的信息和数据，为科学决策和制定规划提供服务；

第二，确定研究、开发课题。当大致方向确定以后，通过失效专利信息分析，寻找该技术领域的空白点，结合本企业的技术优势，确定本企业下一步技术和产品更新换代研究、开发的内容和课题。这样可以避免重复研究，提高技术创新的起点和效率。

第三，技术创新研究、开发阶段。在此阶段，运用好失效专利文献，可以获得启发、开阔思路，促进研究、开发活动的进展。据统计，有 90% 的最新技术资料首先反映在专利文献上。研究开发中，查阅专利文献可以缩短科研时间约 60%，节省研究开发费用达 40%，以最少的研究开发费用的投入，创造出最高的经济效益。

第四，创新技术申请专利阶段，引进失效专利技术进行创新后要及时申请专利，建立自主专利产权，以保持自己的技术优势，获得更大的经济利益。

(2) 利用失效专利权利情报，参谋进出口业务。

目前，世界上绝大多数国家都实行专利制度。因此，在国际的经贸往来中，不论是引进新设备、新工艺，还是出口新产品、新技术，都要注重进行失效专利情报的调研，通过调研搞清楚对方转让的技术是否专利、专利是否过期或失效等，掌握这些权利情报可以有效地阻止对方漫天要价，避免吃亏上当。

在出口时，应首先通过专利文献调查预出口的技术、产品或设备是否已在该国申请专利，如果未曾申请过专利，并且专利尚在保护期内，则不能向该国出口，否则将造成侵权，引起专利纠纷。这时，我们可以通过专利文献进行进一步的权利情报调研，看该项技术都在那些国家申请了专利，根据这些情报，我们完全可以避开这些专利保护国，向别的国家出口。

(3) 失效专利，无偿使用。

世界上任何获得专利的发明创造，一旦有效期届满，任何人均可无偿使用。在这些失效专利中，有相当一部分发明创造仍具有很到的使用价值，特别是一些基础发明，其使用寿命一般会很长。例如：美国飞利浦石油公司 1953 年研究成功的聚丙烯生产工艺，至今还被美国以及世界上各主要石油公司广泛使用。因此，通过专利文献调研及时掌握这些专利何时届满或失效的权利情报，并不失时机地在生产中加以应用，就可以无需付出购买许可证的昂贵费用而获得很大的经济效益。

日本一位叫石川的工厂主，准备生产一种轻型隔热建筑材料，当时国外有些厂商已在日本获得了有关这种材料的专利，但有效期即将届满。石川掌握了这些情报后，立即毫不迟疑地着手进行准备，结果待上述专利的有效期过，立即大规模地制造、销售根据上述专利研制改进成功的新型建筑材料，被日本发明协会誉为日本中小企业合理利用专利文献的典型。

据统计，目前全世界有效专利约有 420 万项，每年新的发明创造约 50 万项，已经失效的专利有 3580 万项，也就是说在全世界现有的专利技术中有近 88% 的专利技术是已经失效的或未被批准的。这些失效专利构成了全世界均可无偿使用的技术信息源，这对于先进技术向不发达地区转移，促进社会生产力的发展具有积极的作用。

第二节 失效专利的应用价值

一、失效专利应用方式分析

（一）专利应用方式分析

专利 (patent) 一词来源于拉丁语 Litterae patene，意为公开的信件或公共文献，是中世纪君主用来颁布某种特权的证明，后来指英国国王亲自签署的独占权利证书。到了现代，专利是受法律规范保护的发明创造，它是指一项发明创造向国家审批机关提出专利申请，经依法审查合格后向专利申请人授予的在规定时间内对该项发明创造享有的专利权。

值得注意的是，专利的两个最基本的特征是“独占”与“公开”，以“公开”换取“独占”是专利制度最基本的核心，这分别代表了权利与义务的两面。

“独占”是指法律授予技术发明人在一段时间内享有排他性的独占权利；“公开”是指技术发明人作为对法律授予其独占权的回报而将其技术公之于众，使社会公众可以通过正常渠道获得有关专利信息。据世界知识产权组织的有关统计资料表明，全世界每 90% － 95% 的发明创造成果都可以在专利文献中查到，其中约有 70% 的发明成果从未在其他非专利文献上发表过，科研工作中经常查阅专利文献，不仅可以提高科研项目的研究起点和水平，而且还可以节约 60% 左右的研究时间和 40% 左右的研究经费。可以说，专利信息资源的开发利用水平直接影响甚至决定着企业生产经营活动中的各种决策行为，如技术开发、产品定位、专利申请、维持与放弃的策略制定、专利评价与评估、专利资产运营、专利权保护、企业联营、合作或兼并等。专利信息的分析和利用贯穿了企业生产、经营全过程，是企业在市场竞争中知己知彼、克敌制胜的关键。

但是在分析专利的时候，所针对的主体是专利文献，即通过分析专利文献进而利用专利。随着专利制度的发展，出版专利文献以广泛传播发明创造的作法已被实行专利制度的多数主要国家所接受。然而，在专利文献产生之初，人们并未采用专利文献这一术语。那时称这类文献为专利证书或发明专利证书，它是授予发明人垄断权的法律文件。“专利说明书”只作为该法律文件的一部分，对发明进行描述，其中包括对要求获得垄断权的描述。随着专利说明书的产生和不断发展，这种文献逐渐成为一种使公众能够了解发明内容及法律保护范围的独立文件。人们为了能够对专利出版物的全部或其中的一部分加以引用，逐渐使用了术语——专利文献。

世界知识产权组织 (WIPO)1988 年编写的《知识产权教程》阐述了现代专利文献的概念：“专利文献是包含已经申请或被确认为发现、发明、实用新型和工业品外观设计的研究、设计、开发和试验成果的有关资料，以及保护发明人、专利所有人及工业品外观设计和实用新型注册证书持有人权利的有关资料的已出版未出版的文件 (或其摘要) 的总称。”该教程还进一步指出：“专利文献按一般的理解主要是指各国专利局的正式出版物。”事实上专利文献是专利制度的产物，它是各国专利局及国际型专利组织在审批专利过程中产生的官方文件及出版物的总称。狭义的专利文献主要是指专利说明书和权利要求书，主要由扉页、内容叙述和权利要求书构成；广义的专利文献还包括专利公报、专利分类表、专利文摘和索引等。狭义和广义的专利文献上所揭示的信息是检索、分析与利用专利文献的依据，主要包括：专利著录项、专利说明书、权利要求书、说明书附图、专利分类表、专利公报、专利检索工具等。

据世界知识产权组织 (WIPO)2001 年统计，世界专利文献总量累计约 4000 万件，每年还以 100 万件的速度不断递增。由于现代的计算机及信息技术的普及，大多数国家通过对专利申请流程中的大部分信息进行数字化，形成比较完善的数据库，从而为有效的利用专利文献打下了基础，专利文献所包含的信息从分析的内容及利用的方式上的不同主要有以下三个方向：法律信息、经济信息、技术信息。

1. 专利法律应用

专利法律信息，又称专利权利信息，是有关构成专利技术的法律内容的信息。它包括一项申请专利的发明创造是否获得专利权、一件专利的权力范围、一件专利的地域效力、一件专利的时间效力、一件专利的权利人等。在专利文献著录项目中，表示上述各项专利信息特征的也是一些特定的标志和文字，例如专利申请号、专利申请日期、专利授权日期、国际优先权项目、专利申请人、专利权人、专利代理人等。专利法律信息特征的个别项目源于专利说明书的说明书、附图和权利要求书，其绝大多数则源于专利申请人申请专利时填写的申请表格和专利审查部门在审理过程中产生的其他文件。

如前所述，专利文献中记载了有关专利的各项法律状况数据，也即专利法律信息。对这种法律信息进行开发利用，为审查新的专利申请、处理专利纠纷、进行专利转让、引进专利技术等法律事务提供依据，就可以发挥专利文献的法律情报功能。专利文献的法律情报功能主要体现在以下几个方面：一是确定发明者、申请人、权利人及专有技术的范围，公布权利关系。例如从发明者角度讲，因为发明人有权利在专利中体现自己的作用，所以能分析出某个领域主要的研究者、研究方向及其成果；二是避开其他个人或单位的专利权，防止侵权，防止重复研究和重复投资，从而进行有效的技术开发。三是了解发明创造者和有关单位与己权力化技术之间的关系，可以推动共同研究开发，并促进专利许可证贸易；四是根据专利说明书对与本单位技术有关的其他单位的权利技术提出异议，或以无效审判，以阻止其他单位技术的权力化。

2. 专利经济应用

专利活动是社会生产和社会经济活动的重要组成部分，专利技术成果是衡量生产力发展状况的一种标志。作为反映专利活动及其成果情况的专利文献无疑是一种重要的经济信息源。通过对专利文献进行分析研究，对专利活动进行考察，将专利申请件数或专利件数作为经济指标利用，就可以发挥专利文献的经济情报功能。专利文献的经济情报功能主要体现在以下几个方面：

一是从整体上对专利文献开展定量和定性的分析研究，跟踪专利申请趋势，可以对社会和企业所处的竞争环境进行评估，例如分析专利持有人，可以得到本领域主要竞争对手，分析专利之间的引用关系能分析出专利之间的继承与发展的情况。

二是根据专利申请量和拥有的有效专利量的多少，可以了解作为竞争对手的国家或企业的技术水平、经济实力、技术经济动向和经营战略，对竞争对手的动态实行监视，还有专利的放弃量及此专利所处位置可以分析企业预防专利垄断的思路。

三是由于专利是与实际的经济利益挂钩的，所以根据专利申请的动态趋势以及其他信息，可以了解市场的潜在需求，展示正在开拓的新市场，为技术产品开发导航引路。其中专利文献中的同族专利就是一种重要的经济情报，它反映了发明潜在的技术市场和经济势力范围。因为专利具有地域性，通过同族专利的技术专利申请量、分布情况的定量分析，可以明确该领域内活跃企业生产占有情况，专利技术生产覆盖面以及企业在产品和市场上的战略意图。如一项中国专利，先后在德国、英国、美国申请了专利，这一信息说明，该发明已在世界上占有一定经济和法律地位，有较高的技术水平和经济价值。

3. 专利技术应用

技术信息是有关专利的技术内容的信息。因为是以“公开”换“保护”，在实际的专利申请过程中要求专利对所申请的技术要进行比较详细的说明，使之达到对应技术领域中的普通技术人员能够理解的程度，所以专利中技术信息比较全面。每一件专利说明书不仅详细记载了解决某项课题的最新技术方案，而且涉及广泛的应用科学技术领域，这些技术信息都见之于专利文献的分类、权利要求、摘要和附图之中，再加之其系统性强，反映新技术快等特点，可以说专利文献是提供技术情报的最佳情报源。由于大多数国家使用统一的国际专利分类法，同一类别的专利文献高度集中，基本上展现了某一技术领域里最先进技术情报的全貌。

专利技术信息是指有关申请专利的发明创造技术内容的信息。它包括某一技术领域的新发明创造，某一特定技术的发展历史，某一技术关键的解决方案，关于一项申请专利的发明创造的所述技术领域，关于一项申请专利的发明创造的技术主题，关于一项申请专利的发明创造的内容提要等。在专利文献著录项目中，表示上述各项专利技术信息特征的是一些特定的标志和文字，例如专利分类号、发明创造名称、摘要、相关文献、关键词等。绝大多数专利技术信息特征则源于专利说明书中的说明书、附图和权利要求书。

专利文献中详细记载了发明创造的技术内容信息，对这种技术内容信息进行开发利用，为开发新技术、解决技术难题、开展技术预测、启发技术构思提供依据，就可以发回专利文献的技术情报功能。专利文献的技术情报功能主要体现在以下几个方面：一是参考已经开发的技术，可以掌握技术发展水平，增长技术知识，收集新技术开发的思想观念，选择研究开发课题；二是以国际专利分类等为线索，从大量的专利说明书中集聚相互关联的技术，可以调查了解特定领域的技术动向；三是利用专利文献的特点，从分类、申请人、年度、国别等不同角度对专利文献进行统计，可以有效地开展技术预测；四是通过制作专利图(针对某技术领域，将其权利状态与技术内容相结合作图，或以某产品的有关部分存在的专利技术或权利作图)，可以把握竞争对手的专利战略、技术开发战略乃至发展战略。

(二)失效专利应用方式分析

失效专利作为专利中比较特殊的一类，也可以采用上面所述的信息分析方向，同时也能得到一些结论，但因为从总体上讲失效专利与专利相比时效性较差，所以在某种程度上与专利相比应用性较差。例如从法律信息角度来说，在某领域对其失效专利进行分析的结果与对整体的专利分析结果必然有差异，因为失效专利的时效性，失效专利体现的专利权保护时间，专利权低于范围总是落后与专利的对应部分；另外在专利的保护范围，及专利发展趋势等于专利相比也会有所缺陷。在技术信息角度讲与整体专利相比，失效专利也很难在此方向于与专利相抗衡，因为专利是创新的体现与发展与时间的行进有直接的关系，而失效专利与专利从新颖性上比较相差很多，很难体现最新技术、最新趋势。在一个失效专利基础上开发出的新专利很难比在最新专利基础上开发的专利更有技术价值。所以在法律、技术信息分析的层面上失效专利应用与专利应用有一定的差距。

专利的应用除了法律信息应用和技术信息应用外，还有专利的经济信息。

事实上一个企业申请专利的一个很大的原因就是预见到专利中附带的技术信息能够直接产生一定量的经济价值，或者通过申请专利占领技术的某个位置间接地产生经济价值，总之可以说专利就是为了经济利益而存在。可以想象如果申请的专利不能产生经济价值，作为一个理性的人或者组织就不可能为了申请专利而支付专利申请费用，更不可能为了维持专利而支付越来越多的专利维持费用，或者支付到外国申请的费用。

然而通过专利实施实现专利价值的过程并不明显，很多专家学者都对专利的实施进行着研究：Ginarte 和 Park 对 110 个国家 1960 年到 1990 年的专利数据进行了分析指出影响专利保护和实施的因素是研发水平、市场环境特征和国际协作。Lerner 提出经济发展水平、政治环境、法律传统是影响专利实施的三个重要因素。Coriat 和 Orsi 强调了金融市场的发展对专利成果应用的重要程度。Hall 和 Harhoff 得出，通过专利授予后审查制度的建立对于获得第三方特别是竞争者的技术信息是有积极作用的，同时专利授予后审查制度对于提升整个专利制度的效率和效益是有明显作用。另外，企业专利的有效实施在一定程度上反映了专利制度推动技术创新的政策的效度。例如，美国政府通过加强鼓励创新成果转化方面的立法工作先后出台了《拜杜法案》等一系列法律使美国大学、科研机构和小企业通过专利许可、加强产学相结合，技术转移及创办高新技术企业等方式及大地促进了美国经济的繁荣和发展。中国自 1985 年科学技术体制改革以来，出台了大量的法律法规推进科技与经济的结合，如 1996 年颁布并施行的《中华人民共和国促进科技成果转化法》、2002 年出台的《关于促进科技成果转化的若干规定》等在促进专利成果转化方面取得一定成效。由此可见，专利作为企业技术转移的重要标的物受到相关政策法规、市场环境特征、地区经济发展水平、企业研发水平等因素的影响。

事实上，每个国家制定的专利制度都是为了本国服务的。例如日本为了应对社会的变化，几乎一到两年就要对其《专利法》进行修改。在 1981 年、1982 年、1983 年、1984 年、1985 年、1987 年、1988 年等年份都进行过修改。世界的其他国家也是根据本国情况对专利制度进行修改。专利的实施依靠相关政策法规，法规的变革也影响到专利的有效利用。上面叙述了同一个国家不同时期的情况下，因为制度的变迁对专利实施的影响成为失效专利经济利用的一个基础。

同一时期不同国家的情况下，也有失效专利经济利用的基础。中国与一些发达国家的技术差距，又因为专利具有保护期限而且从世界范围来看没有大于20年的，而且许多专利没有维持到从申请时算起的20年保护期期满，主要是因为专利维持费用超过了相关产品或服务的经济回报。在整个专利保护期中，需要多次支付维持费。只有少数专利维持到保护期满。以中国为例，国家知识产权局发布的《2008中国有效专利年度报告》显示在中国国内发明专利中，维持时间达到10年的有44.0%，达到20年的仅有3.2%。这些原因为中国利用这些国家的专利提供了机会。

所以可以发现失效专利并不一定真的失效，从中可以看到失效专利的一部分极有可能有一定的技术含量和较高的经济价值。

(1) 有些失效专利在社会上实施多年，已经是成熟的技术，在市场竞争中尚有巨大的潜能，例如药品专利，医药技术在不断的发展，而人的病痛并没有太多的改变，可以通过使用药品失效专利产生经济利益。

(2) 部分失效专利局限于当时社会生产技术水平、市场环境认识等方面，效能并没有真正发挥，随着时代的进步，技术水平和人的需求都在不断的变化。也为利用失效专利提供了基础，例如2003年通用公司状告奇瑞公司QQ汽车对其旗下SPARK原始车型是韩国现代公司的一款车型，而且该车型并没有在中国申请专利(对中国来讲为失效专利)，最后不了了之。

(3) 有些专利是为了市场、营销、储备等战略目的而申请的专利，它可以给人们启发,从中找出新的生产技术途径,改进现在的产品工艺,增强市场竞争能力。如前面所描述的：荷兰飞利浦公司虽然申请了录音机的一些专利，但是后来预见录音机没有市场而放弃相关专利，从而成为了失效专利，但一段时间以后日本发现其有市场价值从而利用起来大获市场欢迎的情况也可以看出来。(4) 有些失效专利因为独占权已经消失，所以人们可以毫无顾忌地使用、组合、开发，进行创新可以发挥出更好的技术及经济价值。一般基于某项专利技术进行的开发，成为从属专利(《专利法》第五十条规定：“一项取得专利权的发明或者实用新型比前已经取得专利权的发明或者实用新型具有显著经济意义的重大技术进步，其实施又有赖于前一发明或者实用新型的实施的......”,此处虽然没有提及“从属专利”,更没有对从属专利下定义，实际上已被公认

为对从属专利含义的一种指定)，一项专利技术的技术方案包括了前一有效专利，即基本专利的必要技术特征，它的实施必然会落入前一专利的保护范围或者覆盖前一专利的技术特征，它的实施也必然有赖于前一专利技术的实施。失效专利则没有此类的限定。❶

二、失效专利企业应用价值分析

从导致专利失效的原因分析失效专利的价值：未授权的发明专利失效属于其虽具有一定的创造性或新颖性，但与对比文献(专利、论文或公知技术等)相比较，其创造性或新颖性不足，因此这类失效专利可能是因为有其他专利的制约。期满失效的发明专利一般是基础专利、核心专利或者是具有重要影响的专利，而期满失效的实用新型专利一般具有很强的实用性。中途失效的专利视具体情况而定，如被做无效宣告的专利尽管已经失效，但同样的技术方案也许还有其他专利仍具有法律效应；为避免重复授权而放弃的专利，也同样还有相同其他专利存在的制约；因为未缴纳年费而放弃的专利，一般具有较重要的使用价值或重要的参开价值。具体对企业来说，失效专利的应用价值有以下几个方面。

1. 学术价值。从企业的专利信息可以研究其学术发展方向和目标，同样，失效专利尤其是中途放弃的专利，能从另一个角度折射出该单位的学术研究方向和目标的变化或变动，结合通过其他渠道检索到的该单位的最新学术发展动态综合判断，可以确定该单位在该技术方面的发展思路和目标。如从中国烟草总公司郑

❶ 韩兵兵：《失效专利应用研究》，江苏大学硕士学位论文，2010 年。

州烟草研究院的申请、授权和失效的专利清单中可以看出：自1991年以来，该单位在烟叶复烤设备、卷烟制造设备、再造烟叶设备等方面有较多的成果；近10年来，该单位在卷烟加工工艺及设备、检测方法和检测仪器等方面投入了更多力量。查找相关资料，可以了解到该单位属于从事烟草科学技术研究与开发的综合性机构，也是中国烟草科技工作的引领者。

2. 技术价值。对引领行业发展的创新型企业进行跟踪研究，从该企业已经申请的、已经授权的、与某项技术紧密相关的失效专利信息中也可以判定该企业对某项技术的研究开发轨迹和方向。无论是企业的期满失效、中途失效专利或者是未授权的专利，都具有很重要的技术价值或技术参考价值，尤其是能够使追赶型的企业从中得到相应的启示和启发，并着手开展基于该专利的技术再开发并创造出新的技术方案，甚至形成新的专利技术。另外，失效专利的原权利人或其他人可能在该专利基础上研发并申报了新的专利。因此，在失效专利的应用方面尤其要注意该专利技术的后续发展动向。

3. 社会价值。专利在某个时空的垄断价值是靠专利的公开换取的。专利法对申请专利的企业或个人给予了一定期限、一定区域的技术或产品的垄断权，但任何一项专利都有相应的时空局限性。无论失效的原因是哪方面的，专利一旦失效，该专利技术即失去了法律的有效保护而成为社会共享的技术资源，企业或个人可以使用该失效专利。如中国烟草总公司郑州烟草研究院29项失效发明专利和27项失效实用新型专利均成为社会资源。该失效专利的社会价值取决于专利技术的成熟度、技术的可替代性、技术发展的前景、产品的市场占有情况、市场潜力等。

4. 使用价值。既然失效专利可以为任何企业、组织或个人无偿使用，那么只要企业、组织或个人认为该专利尚具有可以使用的价值均可以直接应用而创造直接的经济效益。中途失效的专利和期满失效的专利，对追赶型企业而言最具有使用价值。如中国烟草总公司郑州烟草研究院的CN01250124.7，CN99238587.3，CN96218495.0，CN96211491.X，CN95207863.5，CN94202603.9，CN94224454.0等实用新型专利，保护期满而成为社会资源，其他企业可以使用专利公开的技术生产相应的设备。

因为失效专利的使用价值，目前部分企业利用其他企业的失效专利创造较好经济效益的案例相当多。同时，有些企业逐步认识到失效专利的价值而给予更多的研究和利用。甚至有些人把失效专利视为一座金山或者待开发的金山。[1]

---

❶ 孟庆华、于川芳、王瑞华、张晓纲：《河南科技》2012 年 07 期，中国烟草总公司郑州 烟草研究院。

第六章　失效专利资源的应用领域

第一节　失效专利资源在教育领域中的应用

一、失效专利资源在教育领域中的应用价值

在中国传统的教育中，只注重应试教育，老师和学生把注意力都放在如何提高应试分数上，往往忽视了学生的创新创造能力的培养。2003 年 4 月 27 日公布的由中国科普研究所负责设计实施的 2000 年全国青少年创造能力培养社会调查结果表明，越来越多的中国孩子正在失去创造发明的兴趣，调查显示 17.4% 的青少年不关心创造，24.7% 的人认为“发明是专业人员的事，与我关系不大”。在调查问卷所列出的 15 项影响成功实施创造发明的个人因素中，青少年认同率最高的 6 项依次为好奇与兴趣、自信心、恒心毅力、想象力、观察力和创造性思维，而“科学精神”和在信息化社会至关重要的“信息收集能力”却并列排在第 11 位。

随着人类社会进入 21 世纪，科学发现、技术发明和商品化产业化之间的关系越来越紧密，科技成果转化为现实生产力的周期也越来越短，科技进步和创新越来越成为经济社会发展的决定性因素。同时，加入世界贸易组织之后，中国在

更高层次和更广领域直接参与全球技术、信息和资本市场的竞争。这些因素既给处于改革攻坚阶段的中国带来了巨大的机遇，同时也带来了非常严峻的挑战。

因此，大力实施“科教兴国”战略，努力培养和提高广大青少年的创新意识，造就符合未来要求的创新高素质人才，已成为这个大时代的要求。

失效专利虽然在一定程度上“失效”了，但其创新的灵光在一定的时期内不会自行消失。我们都知道，学生的智力和创新资源优势能否充分发挥出来，很大程度上依赖于我们的教育教学体制的运用。失效专利运用于教育领域，既能推动教育改革创新，又能培养和提高新一代青少年的创新能力，同时造就符合未来企业的高素质人才，也是中国加入世界贸易组织的必然选择，有利于为中国经济的发展储备人才。

二、失效专利资源在教育领域中的应用途径

我们按照中国学生的学习能力水平的不同，分为五个成长梯级阶段：小学、初中、高中、本科、研究生，编制不同层次和专业的失效专利资源学习课本以供学习。这样的划分不仅解决了失效专利资源难以保证不同学历能力的学生同时享用的问题，而且使得大部分学生都可以得到合理的、并且最大化地享用失效专利的同时，维持原有的教学秩序。从整体看，五个成长阶梯阶段的划分是一个循序渐进的培养学生创新能力的过程，在小学、初中、高中阶段，可以根据年级的不同，注重失效专利资源的层次划分，在本科和研究生阶段，则从专业角度对失效专利资源进行划分，使失效专利资源得到合理的专业分类，以供不同专业的学生进行学习运用。

失效专利数量庞大，内容纷繁复杂，而且也没有技术难度等级的划分，无专业层次的区分，很难在如此数量庞大的失效专利中找到不同学习能力学生对口的合适专利。这样，我们就需要建立一个分类方式对失效专利进行划分。

首先，考虑到不同学历能力的问题，我们应该注意到：

1. 小学阶段：注重广泛接触失效专利，认识和了解失效专利，即认识层；

2. 初中阶段：注重思考、分析专利，即分析层；

3. 高中阶段：注重深度思考，剖析专利技术，即加深层；

4. 大学本科阶段：注重专业理论与实践结合，即专业层；

5. 大学研究生阶段：注重专业、深度的技术研究，即研究层。大学本科和研究生阶段的专业可以从服装设计专业、航运专业、化学、冶金专业、纺织、制造专业、建筑学专业、计算机和机械专业、地球学专业、电子技术专业等进行划分，适合于各个专业学成的学习和研究。

有了划分的方法，就需要对失效专利资源进行种类和技术等级划分，以便使每一个失效专利都有适合其学习的学生群而得到在教育领域上的应用，而每一个失效专利的对象适合者的认定只有通过教育专家和科技专家才能够作出准确的判断。编制失效专利课本可以分为三步：

1. 把失效专利按不同的种类、技术级别分配到不同学历层中去；

2. 按每个学力层的年级书再分专利技术等级，如在小学、初中、高中阶段按年级书进行年级划分，在大学本科和研究生阶段按具体专业进行专业划分；

3. 划分后的失效专利资源装订编制成书册。失效专利经过编制成课本后，原本一盘散沙的失效专利变得整合有序，层次分明，更重要的是成为了适合从小学到研究生不同学历层学生学习的课本。在内容的具体编制上，我们可以增加学习目的、掌握要领、实践部分、创新设计等内容，以便与授课老师授课和便于学生学习和利用失效专利资源。

三、失效专利资源在教育领域中的应用方法

失效专利课本在教育领域中的应用就像我们平常使用的语文、数学课本一样，主要以老师教学或通过学生自学来完成学习。同时，除了授课或自学外，我们可以借助计算机的信息技术来辅助失效专利课本的教学实施，使得失效专利课本知识更形象具体，从而激发学生对科学的崇尚、培养对科学技术的浓厚兴趣和提高学生的创新能力。

（一）失效专利教学的设计思路

信息技术与实证教学相结合是为了追求教学效果的最优化，将信息技术整合于失效专利课程中，通过网络通讯功能及虚拟功能等营造学生有效的学习环境，让学生在学习某一失效专利学科知识的同时获得更多的其他学科的知识和信息，启发其创新思路，让学生从传统的接受式学习变为主动学习、探究学习和研究性学习。

基于传统式的教学，主要通过书本、挂图等有限的形式通过教师的讲授对学生传递信息，但是将信息技术引入课堂教学后，通过计算机的图文声像并茂的特点，集合美术、音乐欣赏课的特点，以问题驱动为基础来改革教学和课程的原则，设计了“失效专利——主题探索——合作学习”的教学模式。失效专利实证教学法最大的价值就在于凭借失效专利所包含着的新颖、简单与复杂、模糊或亟待解决的问题，让学生产生认知上的冲突，对知识的好奇，然后再去探索，去质疑，去寻找答案，解决自己认知上的冲突。通过这种活动让学生建构起对知识的理解，从而激发其主动学习的兴趣。另外，为了让学生能够迅速地抓住失效专利学科内容形成问题，减轻学习负担，教师在案例后面也可以给学生提供研究的问题或方向。

（二）失效专利教学的步骤

根据失效专利课程“失效专利——主题探索——合作学习”的教学模式，我们可以按一下步骤进行教学：

1. 导论：教师通过情景设问引起学生注意和兴趣，让学生感受情景，引起学生对学习目标的注意和兴趣，再根据专利知识组织学生提出问题，了解可供学习的主题；

2. 任务：根据课程学习目的，组织合作学习小组，选择并确定主题，分小组学习，确定小组学习目标及任务；

3. 资源：教师根据学习主题及任务提供相关的资源目录、网址和资料收集方法和途径，包括社会资源、学校资源和网络资源等；

4. 合作学习：学生运用教师提供的资源进行学习、认识和分析，小组之间以及学生和教授之间进行学习交流和探讨，最后根据学习主题和任务得出小组结论或作品；

5. 评估：教师组织学生对小组结论或作品进行评价，最后形成观点意见或对作品做出评估，完成专利学习任务。[1]

---

[1] 李华：《失效专利的价值开发》，武汉大学硕士学位论文，2004 年。

第二节　失效专利资源在科研领域中的应用

一、失效专利资源在科研领域中的应用价值

失效专利资源是社会的公共财产，任何人都可以直接拿来无偿地享用，以其技术为依托进一步的技术创新或在技术的研究时做参考或引进缩短项目进程。由此可见，避免重复研究和提高技术创新的速度至关重要。科研在技术创新的过程中，一般来说，在确定立项之前，应进行专利检索，若检索到与项目技术内容相同的专利，则可直接引进已有专利，走捷径，避免重复研究开发，节约人力、物力和财力，在别人取得的成果基础上，迅速开发出更新的成果来，提高技术创新的速度，或者另辟蹊径，调整研究方向。所以科研人员在新产品开发或科研立项之前，务必要检索一下已失效的专利文献，以了解现有技术状况，这样不仅可以帮助选准课题，避免重复研究，少走弯路，而且可以站在更高起点上进行技术创新。在专利界，这被比喻成“站在巨人的肩膀上”发展。利用好失效专利资源，对科研人员来说可以站在巨人的肩膀上发展。

失效专利虽然因各种原因丧失了法律的保护，但其凝结于专利之中的发明创造点并不会自行消失，或者自行丧失其实用价值，因而失效专利在科研上的应用价值是十分重大的。失效专利既是科研人员拟定科研课题、制定科研规划、掌握国外科学技术水平、攻克技术难关的主要参考资料，同时也是新产品试制，技术更新换代的依据。比如说，使用失效专利能起到辅助完成项目研究的作用，即可以给科研人员予启发，从单个或多个失效专利中找出新的生产技术途径，改进现在的产品和工艺，增强产品和服务的市场竞争能力；失效专利可以为单个失效专利技术领域的继续研究的突破提供基础，同时也可基于多个技术诞生新的发明或有些技术在人们无顾虑的重新组合中，会展现出更好的技术效果；使用失效专利

可以为攻克技术难关项目提供主要参考资料，也是技术革新换代的依据，促进新发明的诞生。

二、失效专利资源在科研领域中的应用途径

（一）失效专利归类

目前，失效专利归类细分不够，在数量庞大的失效专利库中找到相关的技术往往要耗费大量的时间和精力。据调查，这也是失效专利在科研中的利用率低的一个主要原因之一。为此，科研中我们可以建立和编制一个失效专利科研应用归类明细表，把失效专利按归类明细表将失效专利的相关信息划分到具体的表格中，这样科研人员通过归类明细表中的相关专利号就可以轻松地找到专利技术全文了。

（二）制作失效专利归类明细手册

失效专利归类明细手册的内容应该包括：

1. 失效专利的类型：比如化工、生活需要、冶金、纺织、造纸、机械工程、照明等；

2. 失效专利的行业：比如化工类中可以划分为汽油、柴油、机油、液压油、轴承油、制动油等等；

3. 失效专利的技术分类：每一项失效专利的背后有不同的技术专利，比如汽油有不同的技术指标的专利，比如生产技术方面、检测技术方面、计量技术方面、安全技术方面等等。而每一项技术指标下又有一种或多种失效专利技术，它们的技术研究方向是一样的，而方式方法、设计、创造上有的就要先进些。

根据以上的划分方法，我们可以把每一项需要研究的技术细分到具体的一项或多项失效专利，把查找页码、相同技术研究所涉及的失效专利数量等整理归册，就形成了失效专利归类明细手册，以方便科研人员使用，更好地利用失效专利资源。

三、失效专利资源在科研领域中的应用方法

从上述的价值分析可以得知，失效专利归类明细手册在科研中的具体应用可以划分为：科研人员拟定科研课题、制定科研规划、掌握国外科学技术、技术攻关参考资料和新产品试制参考资料五个方面，从这五个方面使用失效专利都可以避免时间、人力和物力的重复浪费，以下从技术攻关参考资料方面谈失效专利归类明细手册的具体应用。

失效专利在科研中的技术攻关参考资料方面的应用实质是在突破某个技术前或过程中借助与攻关技术有关的失效专利技术数据资料辅助攻关技术成果的进程，避免时间、人力和物力的重复浪费。

一般情况下，科研上的技术攻关项目难度等级比较高，而攻关技术涉及面也比较广，经常在一个攻关技术项目中包含着化学、机械等多门学科领域的技术。往往像这样的项目一般都需要耗费大量时间、人力和物力。因此，失效专利辅助技术攻关是十分必要的：

假设五位科研人员接到一个全新的油站加油枪遇燃防爆分裂系统项目，内容大概是设计油站加油枪口意外失火后，防止火种沿输油管导入油库引发火灾或二次爆炸的安全问题。另外，对方的要求经费为100万元人民币，限期6个月内完成。从现在的人力、物力和时间上看，该项目实施起来比较有难度：第一，急需找到相关的与汽油、柴油设备相关的技术资料；第二，科研人力不足、给定完成成果时间短；第三，项目经费有限，一些有参考价值的专利保护技术得不到引进。

经过分析，该项目是由化学、电子、机械三个不同类型的技术的组合。所以，首先要做项目涉及化工类、电子类和机械类的技术做细分化的分解，它们被细分为：化工类——汽油、柴油——安全技术；电子类——汽油、柴油——安全技术；机械类——汽油、柴油——安全技术。其次，在失效专利归类明细手册中找到相应的页码，通过页码找到其相应的内容，即找到相关失效专利的全文。

失效专利归类明细手册上所查找到的技术内容中，一般情况下有上百条的失效专利数量居多，有的甚至上万条，而该类参考的失效专利资料收集的越多对技

术攻关的帮助和对研究中思维的启发也就越大。经过以上对相关失效专利资料的搜集工作和阅读调研后，科研人员就会受到相应的启发，帮助他们找到的相关技术做出攻关技术方案、改进方案、技术重组方案、技术移植方案、技术参考方案等，以辅导和帮助最终完成全新的油站加油枪遇燃防爆分离系统项目。[1]

通过以上的案例，可以得知失效专利在科研过程中可以辅助提高科研的效率、减少科研的成本。

[1] 李华：《失效专利的价值开发》，武汉大学硕士学位论文，2004 年。

第三节　失效专利资源在企业中的应用

一、失效专利资源在企业中的应用价值

失效专利资源在企业中的应用主要是以市场为导向取得经济价值。据统计，国内现有失效专利约60多万件，囊括了除国家机密不能公开以外的所有专利技术，涉及生活需要、化工、冶金、纺织、造纸、机械工程、照明等8个大类。特别是一些国外的专利，从技术上讲还是先进的，如药品，由于失效专利属于“公知技术”，可以无偿使用，因此被企业界人士看好。

（一）失效专利资源富含技术含量

失效专利是否真的失效，其实未必，我们可以从众多的失效专利中挖掘其技术含量，比如有的失效专利在社会上实施多年，已是成熟的技术，在市场竞争中尚有巨大的潜能；有些失效专利仅限于当时的社会生产技术水平，效能未真正发挥，现在生产技术发展了，这些技术的效能只要利用好就有可能被充分发挥出来；有些失效专利是为了市场、营销、储备等战略目的而申请的专利，并未实施而失效，我们可以从这些专利中找出新的生产技术途径，改进现在的产品和工艺，增强市场竞争能力；有些失效专利经过技术人员的重组可以展现出更好的技术效果或发明出新的产品。

所以说，失效专利仍然具有很高的技术含量，另外，失效专利的技术内容清楚、公开充分，同行业中具有中等技术水平的人员就能实施，这有利于技术人员对技术的深入理解和有效的实施。如果企业能结合自身的条件和能力，充分合理的利用失效专利，一定可以增强企业的技术竞争力。

（二）失效专利资源经济价值颇丰

1. 失效专利在企业中最直接的价值就是在产生市场的经济效益的同时节约技

术开发的时间和成本；

2. 失效专利在传授技术和开展技术转让时更具有极大的经济价值，通过查阅失效专利，可以找到是否有许可证转让者及受让人，以便开展许可证贸易，使买方能取得技术优势，迅速发展生产；

3. 企业在申报发明或申请专利前，通过查阅失效专利以判断自己的发明是否具有新颖性和创造性；

4. 失效专利能为企业进出口贸易提供必不可少的情报资料。进行技术贸易时，首先要通过查阅专利和失效专利来比较、分析、研究各国、各公司的技术水平、市场范围和竞争能力、评价外商所持项目的虚实、法律状况和经济价值等，这样可以争取主动，避免盲目引进，也可以避免在进出口贸易中造成侵犯他人专利权，造成不必要的经济损失。

二、失效专利资源在企业中的应用途径

失效专利是从法律角度而言，是指已失去法律保护的专利。但这并不意味着这些专利失去使用价值，它们的技术含量和市场价值仍然很高。发达国家把失效专利作为宝贵的信息和技术资源，充分挖掘失效专利价值，再进行进一步创新。据日本人自己估算，通过引进国外专利和使用失效专利，日本掌握国外先进技术，大约节省 2/3 时间，9/10 研究开发费用。

目前，中国企业科研人员在科技立项前和研究过程中进行专利查询已成为惯例，但大多数查询还局限于有效专利，以规避侵权。针对这一情况，建议企业从以下几个层次对失效专利进行开发和利用。

（一）建立失效专利数据库

1. 建立企业失效专利数据库

在对失效专利进行充分搜集、获取的基础上，企业应按产品门类、技术领域建立起针对特定产品或特定领域的主题文献库。专利文献是企业研究应用专利最直接的工具。通过对失效专利的调查、分析，熟悉和掌握该专利技术的主攻方向

和发展规律，从而对失效专利商品化市场化形成清晰的技术路线。

据《中国知识产权报》报道，江苏常州佰腾科技有限公司是一家为企业建设“个性化专利数据库”的高科技民营企业，已经为全国2000多家分属不同行业的企业建设了专属的专利数据库。佰腾公司结合专利信息服务与互联网，按照不同企业的需要，为其“量身定做”个性化的专利数据库。数据库包含所有与该企业产品等相关的中国和世界主要国家的专利文献(包括失效专利)，数据库具备专利检索、文摘阅读、全文阅读和打包下载、分类导航等功能，并实现了每周两次更新。佰腾公司的客户反映，使用“个性化专利数据库”之后，方便迅速地掌握了本行业国内外的最新技术状况，节省了新品研发时间，节约了40%的研发费用，同时又避免了可能发生的侵权行为。个性化专利数据库在为企业缩小与其他企业技术差距，提高研发效率，快速、准确找到创新突破点等方面，发挥了重要作用。

企业自身可以依托自己的研发团队建立企业失效专利数据库，也可以依托佰腾公司这样的服务中介建立专属于企业的失效专利数据库。

2. 建立地方特色失效专利数据库

高校具有庞大的专利数据资源和科研创新能力，高校可以根据本校的重点课题或者重点学科的需要，通过自建、拷贝、套录、下载等多种方式，建立若干专题的失效专利数据库，并上网提供服务，实现失效专利信息资源的共享。这样的资源可以提供给企业有偿或者无偿使用。另外，地方政府也可以指导协调政府、高校、企业间进行合作，建立与地方产业结构相适应的失效专利数据库，服务于地方经济，同时地方企业也可以受益。

2008年长沙市知识产权局做了一次针对全市知识产权状况的“大摸底”，实际情况出人意料：全市被调查的1633家规模企业中，84.6%的企业没有专利，75.6%的企业没有商标；所有驻长沙的科研机构和高校中三分之一没有知识产权，所有科研机构和高校的知识产权加起来不及浙江大学一家的三分之一。通过长沙市知识产权局4年的努力，截止2011年底，长沙市累计申请国内专利69285件，获得国内专利授权37696件；2011年，全市国内专利申请达到13122件，跨入万件方阵，同比增长 44.7%；全市有专利的企业已达 2000 多家，培育出包括三一重工、中联重科等在内的 37 家知识产权水平较高的企业。这中间，很多企业受益于长沙市知识产权局建立的专利数据库。“专利技术过了保护期后可以为大众无偿使用，建立专利数据库，让企业有据可查，可以为相关企业节约大笔研发费用。”长沙市知识产权局局长彭民安介绍说。实现知识产权价值最大化，离不开对专利信息的有效利用，而专利信息海量而且专业性强，企业尤其是中小企业运用起来门槛太高。长沙市建立了包括工程机械、生物医药、新材料、电子信息、汽车及零部件等 5 个主导产业的专利数据库。该库拥有全球 88 个国家和 6 个国际组织的 6200 多万条专利信息 (包括 2540 条失效专利)，具备专利检索、预警分析等功能，免费向全市企业开放，搭建全市自主创新专业平台。

（二）派生新的专利项目

失效专利的使用范围还不仅仅在直接应用方面，可以据此派生出新的专利项目。因为很多专利方案还需要进一步完善后才能投入生产，而按中国专利法的有关规定，只要是对“现有技术”进行了改进并符合“创造性、新颖性、实用性”要求的发明创造，都可以申请并可能被授予专利权。所以科研人员完全可以在失效专利的基础上，进行技术完善和改进并提出自己的专利申请，这是合法行为。高校可以引导大学生从失效专利信息中寻找到发明灵感，对失效专利进行有效的利用，提高自己的科研能力和创新能力。

（三）企业新产品开发借鉴

当前全球 95% 的发明专利由少数发达国家把持，发展中国家掌握的专利数只有 5%，我国仅拥有 1% 的专利。在中国，95% 以上的企业没有 1 件专利，甚至在上海，就有 90% 企业没有 1 件专利，除了部分企业是有能力、有成果但专利意识薄弱没有申请专利外，大部分企业是无能力申请，只能靠仿制产品生存。

随着跨国集团专利口袋的收紧，不少企业的生存空间将越来越小。对众多创新能力弱的企业而言，使用失效专利技术风险小，效益高，是一种既简便又经济的技术创新途径，合理利用发达国家失效专利又可以规避跨国集团专利大棒的袭击，益处颇多。因此，根据专利具有“地域性”的特征，无偿地使用国外先进技术是发展本国经济，加快现代化建设的最佳途径。

失效专利中尤其是未在中国授权的国外专利，即使是发达国家最新的发明专利，只要该国没有在中国注册并已丧失了申请优先权，企业可以不出任何费用堂而皇之地进行生产和销售，只要产品不出口到国外专利所辖地域即可。即使超过保护期限看似无用的发明专利，也应具体分析，由于中国技术水平与发达国家相比有10－20年的时差，一些发达国家逾期的失效专利，可能正是中国适用的技术。

但这并不意味着可以单纯依据他人的专利产品说明书来开发产品，因为许多专利发明人和专利代理人在申请专利时，往往在不影响其技术方案充分公开的前提下，保留技术秘密。因此在使用这类失效专利时，需要分析研究，取得专利发明人的技术诀窍，切不可生搬硬套。我们开发利用的目的是对科技资源进行再利用，最大限度地节省开发时间和经费，并为企业节约巨额专利转让费。[1]

三、失效专利资源在企业中的应用方法

失效专利经济价值颇丰，但如何应用到企业中是一个长远而极具研究价值的战略问题，失效专利策略作为专利战略的重要组成部分，[2] 其开发应用方法有如下：

(一)建立跟踪机制，做好开发准备工作。开发利用失效专利，首先要了解同行竞争者中所处的地位以及竞争市场的格局与发展动态，建立失效专利跟踪机制，对已失效和即将失效的专利资料进行收集，结合企业技术情况、市场需求及剩余市场空间进行分析，拟订开发失效专利的可行性报告，做好开发准备工作。以生产到期专利药品为例，公开资料显示，从2011至2015年，预计将有600多种销售额逾770亿美元的专利药到期。在2012年，就已有超过40种年销售额

---

❶ 隆新文、朱海雅：《失效专利信息在科研中的检索与开发利用》，新世纪图书馆，2006年第04期。

❷ 符颖：《论失效专利的开发与利用策略》，研究与发展管理，2005年03期，中国交通大学科技处。

逾 350 亿美元的专利药到期。对于仿制药生产商来说，这意味着他们现在有权仿制生产那些价格昂贵的专利药，如保栓通 (Plavix)、立普能 (Lexapro)、思瑞康 (Seroquel) 等。由于没有高额的研发成本，仿制药的价格也会较专利药低很多，因此专利药掉落“专利悬崖”之后，销量和利润将很快被仿制药稀释。有生产能力的企业，在药品专利期满前，就可以开始申请销售专利药品仿制品的批文，以期专利期满后立刻就能上市销售。

(二) 分清专利失效原因，制定相应策略。特定失效专利的价值要结合目前技术情况具体分析，但在前期筛选时可以从失效原因分析，早期就排除一些无价值的失效专利，以节约工作成本。例如，因保护期满而失效的专利，往往说明该项技术已在大量实施且有好的市场，技术也成熟。专利权人每年都支付逐渐增加的年费维护其专利权，证明该项专利是有利可图的。对没有按期缴纳年费导致失效的专利在应用时应综合考虑，有的是因为技术超前，在专利保护期内难以实施；有的是因为人力、物力及财力方面的原因，技术虽好，但对个体发明者来讲自己实施有困难，一时又找不到受让人，而每年缴纳年费负担太重，不得已而放弃；还有的专利权所有人缺乏专利商业化实施的创意、策略和资源，没有认识到其专利权的商业价值而将其草率废弃，对这三种情形，企业可以分项研究，当中或许隐藏着宝藏。与在先权利冲突而被宣告无效的失效专利是没有开发价值的，因为开发利用后会引发侵权问题，这类失效专利可以放弃。另外，应注意失效专利在世界范围的法律状态。凡未向中国提出申请的国外专利，在中国不受法律保护，属于失效专利，可以自由生产销售，但不能将该产品销到有效专利的所在国，否则将构成侵权。

(三) 结合企业特点，制定具体利用策略。专利是集技术、经济、法律三位为一体的产物，企业在制定专利战略时必须结合企业的经济实力、技术竞争与经营状况等多种因素确立可行性方案，策略性地运用专利战略，促进企业的持续发展和核心技术的提升。

1. 有直接经济价值的专利采取拿来主义。对于一项成熟的专利，通过失效专利文献提供的技术内容，按图索骥就能直接生产出产品，产生经济效益。如青岛某器材厂欲投资20万元购买一项“铝制品焊接助剂”的专利技术，但技术人员在专利文献库检索时，发现此项专利早已过期，只需缴纳50元查询费便可获得该项专利的全部信息。该厂不仅按照该资料开发出新产品，还迅速推向市场，获得了丰厚的回报。

2. 对具有市场潜力的失效专利进行二次开发，推动技术革新。随着新技术革命加快，产品寿命周期缩短，国家市场竞争加剧，研制的难度越来越大，人力、物力的投入也越来越多，风险也越来越大。发展中国家由于经济技术水平的限制，常常感到力不从心，解决这个问题的有效途径之一就是利用失效专利的技术文献资料，借鉴吸收有用技术，开拓思路，进行再次开发。这既节省大量的时间、人力和财力，又可以实现技术的短平快发展。

2002年，因打官司而滞留河南漯河的张家港建筑企业家李文清，从一件“整体玻璃钢化粪池”失效专利中看到了商机。他在原专利技术基础上进行了技术改进，把原来玻璃钢化粪池的方形结构变为承压更大的圆桶形，把直流泛水结构改为环流泛水结构，在内部加设了悬挂式水处理填料，并先后申请了8项发明、实用新型和外观设计专利。还为产品注册了“威龙”商标。经过技术改进的这种玻璃钢化粪池省工、省时、省钱，抗酸碱，正常使用寿命可达50年。经过这种钢化粪池处理后的生活污水COD含量达到国家环保标准，得到了城建、环保、质量监督部门的认可，产品一上市就引起了建筑施工单位的青睐，漯河市政府办公大楼、漯河市中级法院办公大楼、双汇集团三期扩建工程及家属楼等工程，纷纷使用这种专利地埋式化粪池产品。2004年7月，这种新产品通过了由河南省建设厅组织的专家鉴定，被列为河南省建设新产品新技术推广项目。截止2006年，李文清仅用了3年的时间，依靠这项失效专利改进的地埋式玻璃钢化粪池专利技术入股就在全国建成了12家分厂，每年卖专利的收入是卖产品收入的四五倍。其再次诠释了知识经济时代三流企业卖力气、二流企业卖产品、一流企业卖专利、超一流企业卖标准的神话。

3. 专利转让和许可中的谈判筹码。在专利转让和许可贸易中，及时掌握失效专利的法律状态，可以在谈判中赢得主动地位，知己知彼百战不殆。此外，将现有专利与失效专利的技术方案进行比较，分析失效专利与现有专利技术的可替代性，及现有专利的技术市场价值，也是降低专利转让与专利许可贸易费用的重要手段。

4. 探测市场动向，制定科技战略。从专利战略来讲，能产生经济效益的专利和专利群，公司总是设法维持到专利法定期限届满，而失去技术前景或经济利益的专利会及时放弃。许多大公司采用外围专利网战略就是延长基础专利寿命的重要手段，这可以保护核心技术不被攻破。如美国飞利浦石油公司在取得耐热性能出类拔萃的热塑性树脂聚苯硫醚的基本专利后，又不断改进，陆续取得了从制造、应用到加工等外围技术专利 300 余件。因此，尽管基本专利于 1984 年 11 月到期，但大量的外围专利仍在有效期内，使得基本专利可以继续得到有效保护，为飞利浦石油公司创造了巨大的经济效益。考察分析大公司及竞争对手现在拥有和正在申请的专利，以及失效专利的情况，能较准确滴掌握竞争对手的未来发展动向，及时调整公司的科技战略。

5. 失效专利战略与其他专利战略交叉运用，可以产生更大的经济效益。如企业在运用追随型战略 (又称模仿改进型战略) 时，在专利技术可替代的情况下，应选择失效专利或即将失效专利为基础技术进行改进和开发。这样，企业一方面通过对本企业和他人已采用的技术进行改进、完善，在原有基础上创造出高质量、低成本的产品以控制和占领市场；另一方面，改进专利在实施时不受或可以较少受前一专利的制约。因为专利保护期即将届满，在寻求获得前一专利权人许可时，可以尽量降低专利实施许可费，基于专利快过期的考虑，许可方一般也不会坚持较高的许可使用费。

第七章　基于 TRIZ 理论的失效专利分析

失效专利甚至专利的实际应用中最大的难点不是搜集、分析或者管理专利而是利用。在失效专利的利用分析部分已经说明了需要企业通过市场环节实现失效专利的价值，而企业在市场环节中的体现一般为最终产品或产品的一部分。失效专利不论是在分析制造产品技术的发展趋势上，还是在对应产品的开发及实现上都有巨大的作用。

第一节　TRIZ 理论

TRIZ 是俄文 еории решения изобрет-ательских задач 的英文音译 Teoriya Izobreatatelskikh Zadatch 的缩写， 其英文全称是 Theory of the Solution of Inventive Problems(发明问题解决理论)。TRIZ 理论是前苏联创新发明家和创新理论家根里奇阿奇舒勒 (Genrich Altshuller) 及其团队自 1946 年开始，在分析研究了世界各国 250 万件专利的基础上，阿奇舒勒发现专利的创新程度可以分为五个等级，见图 11。

发明的级别	创新的程度	占人类发明总数的比列 %	知识来源	可参考的问题解决方法数量
1	明确的结果	32	个人的知识	1-10
2	局部的改进	45	行业内的知识	10-100
3	根本的改进	18	跨行业的知识	100-1000
4	全新的概念	4	跨学科的知识	1000-10000
5	重大的发现	> 1	最新产生的知识	10000-100000

图 11　发明等级划分及所属知识领域

阿奇舒勒不断地研究探索而总结创立的了一整套完整的技术系统进化理论和技术矛盾解决方法。他坚信发明问题的基本原理是客观存在的，这些原理不仅能被确认也能被整理而形成一种理论，掌握该理论的人不仅能提高发明的成功率，缩短发明的周期，也可使发明问题具有可预见性。TRIZ是由解决技术问题和实现创新开发的各种方法、算法组成的综合理论体系，主要内容如图12。

序号	主要内容	说明
1	创新思维方法问题分析方法	①可提供系统分析问题的科学方法，如多屏幕法 ②复杂问题的分析，可由科学的问题分析建模方法——物场分析法，快速助于确认问题的核心，发现根本矛盾所在
2	技术系统进化法则	①技术系统理论进化的演变规律，是经由大量的专利分析基础上，找到TRIZ理论的8个基本进化法则 ②它可分析确认目前产品的技术状态，可预测未来及可开发具有竞争力的新产品上
3	工程矛盾解决原理	①在不同的发明创造中，分析归类中找到可遵循的共同规律 ②TRIZ理论可以把共同的规律概括成40个创新发明原理 ③TRIZ理论可以把共同的规律概括成11个分离原理 ④具体的矛盾，可利用创新原理找到具体的解决方案
4	发明问题标准解法	具体问题，物场模型有不同的特征，而TRIZ会分别对应有标准的模型处理方法，包括模型的修整、转换和物质与场的添加等
5	发明问题解决算法	主要以问题情境的复杂性、矛盾及相关部分之间不明确的技术系统，开始进行问题之一系列演变及再定义等非计算性的逻辑，在过程中会确实对问题逐步深入分析和转移，直到最终解决问题

图12 TRIZ理论主要内容

最早解决技术创新问题是靠试误法，就是试遍所有可能的方案。很长的时间内，对方案的选择，都是瞎猜瞎碰的。典型的案例是广为流传的爱迪生搞发明的故事，据记载，他发明电灯时做试验用过1600多种金属材料和6000多种非金属材料，失败了5万多次终于获得成功。在这段漫长的岁月里，人们积累了大量技术创新经验与有关物质特性的知识。这些知识的利用，提高了发现的方向性，使得解决问题的过程有序化了。但问题本身也发生了变化，随着时间的推移问题越来越复杂。直到今天，为了找到一个需要的解决方案，也得作大量的无效尝试。试误法以及在这一基础上建立起来的创造性劳动组织，是与现代科学技术创新的要求相矛盾的。现在需要新的、能够大大减少无效尝试数量的控制创新过程的方法，也需要新的、能够有效地运用新方法的创新过程组织法。为此，必须要有一套科学的并行之有效的解决技术创新问题的理论。

头脑风暴法在企业中的应用最为广泛，头脑风暴法是根据主题在已有经验的基础上进行想象、联想、直觉、灵感等非逻辑思维，最后从众多的想法中确定解决问题的方案。其解决问题没有一定的规律可言，人们提出的设想越多，就越有可能走上正确的轨道。因此头脑风暴法的求解要有一定的数量，由数量来保证解的质量。像头脑风暴这一激励思维的方法众多，主要优点通俗易懂，简易可行，只要学习一两次就能运用自如。这些方法的基本缺点就是不适于解决高难度的问题。它们所能提供的设想要比一般的试误法要多一个数量级，这也造成其解决问题的效率低下。头脑风暴及其他激励思维的方法对使用者的要求非常高，为尽可能覆盖到整个解的空间，头脑风暴法就要求参与者必须是各领域的专家。而TRIZ则认为，参与者的经验不是最重要的，只是不同层次的经验会产生不同层次的创新产品。

另外，还有很多的创新方法：比如形态分析法、焦点对象法、综合法、检核表法等等。然而传统的创新方法基本上都是以心理机制为基础的，他们的程序、步骤、措施大都是根据人们克服发明创新的心理障碍而设计的，虽然有时候也具有某种逻辑，但是其逻辑并不严密，也往往并不要求使用者严格遵循。传统的创新方法撇开了各领域的基本知识，方法上高度概括与抽象，因此具有形式化的倾向。而这些偏向于形式化的传统创新方式，在运用中受到使用者经验、技巧和知识累积水平的制约，因此，有人把传统的创新方法的运用称为是一种艺术，而不是一种技术或者科学。传统的创新方法过于依赖非逻辑思维，运用的效果波动很大，培训起来难度也很大，因此不适于大范围培训推广。相比之下TRIZ是建立在科学和技术的方法基础之上的，其原理、程序、步骤、法则、措施等，来源于人类长期探索与改造自然的实践经验的总结(发明专利),因此应用的有效性比较高,整个方法学自成系统,具有严密的逻辑性,对学习、应用和培训都比较便利。传统的创新方法与TRIZ方法的对比如图13。

序号	传统创新方法	TRIZ 方法
1	趋向于做容易做的事,简化任务要求	趋向于更高水平,更复杂的任务要求
2	趋向于避免"不可能"的路径	强调遵循解决"不可能性"的路径
3	趋向于原型目标不精确的视觉图像	趋向于最终理想结果目标的精确图像
4	对象目标的"平面图像"	对象目标的"整体"的图像,考虑对象的子系统与超系统及其整体目标
5	作为"单一图像"的对象/目标图像	如果存在连续发展路径的话,将目标理解为"过去—现在—将来"的历史轨迹
6	目标/对象是更多难以改变的图像	"柔性"的、可调整的目标图像,易于做时间与空间上的变化与调整
7	回忆提供了相似而弱模拟的图像	回忆提供了其他东西,一次是强模拟性的,要求利用新原理与新程序来经常更新信息
8	"专业势垒"随时间增强	"专业势垒"随时间逐步减弱直至消失
9	不增加考虑的可控性	更好的控制思考,发明人综合评述构思的路径可容易地控制构思过程与实际的差距
10	解决发明问题的过程不易快速收敛	解决发明问题的过程可以快速收敛

图13　传统创新方法与TRIZ方法的对比

第二节 TRIZ理论与失效专利

一、技术系统理论与失效专利

TRIZ理论认为不同领域中技术进化过程的规律相同，都存在产生、成长、成熟、衰老、灭亡的过程，认为所有产品都是处于进化中的“技术系统”，进化是指技术系统特性参数即性能的进化。产品一般由多个子系统组成，产品进化的过程是各个子系统交替进化的过程。任何技术或经过改进的现有技术的发展，都是通过其特性参数的变化来表示的。所谓“特性”，就是技术的特点和性质，是对某项技术或技术产品的关键性能的描述。例如，汽车的性能很多，但是它的关键性能是速度，因此可把速度作为它的一个特性。有了特定还必须使之定量化，就是用一定的量度单位来表明其在程度上的差异，这种量度单位就称为“参数”。特性参数就是某项技术或技术产品的关键性能参数。特性参数的变化指的是产品性能随时间的变化，即产品关键性能参数的变化。

阿奇舒勒提出八条技术系统进化定律 (Laws of Development of System):

定律1：组成系统的完整性定律 (The Law of Completeness of Parts of the System)。一个完整系统必须由四个部分组成：能源装置、执行机构、传动部件和控制装置。

定律2：能量传递定律 (The Law of Energy Conductivity of System)。技术系统的能量从能源装置到执行机构传递效率向逐渐提高的方向进化。

定律3：交变运动和谐性定律 (TheLawofHarmonizingtheRhythmsofPartsofSystem)。技术系统向着交变运动与零部件自然频率相和谐的方向进化。

定律4：增加理想化水平定律 (The Law of Increasing the Degree of Idealness of the System)。技术系统向增加其理想化水平的方向进化。

定律 5：零部件的不均衡发展定律 (The Law of Uneven Development of Parts of a System)。虽然系统作为一个整体在不断改进，零部件的改进是单独进行的，不同步的。

定律 6：向超系统传递的规律 (The Law of the Transition to a Super- system)。当一个系统自身发展到极限时，它向着变成一个超系统的子系统方向进化，通过这种进化，原系统升级到一种更高水平。

定律 7：由宏观向微观的传递定律 (The Law of the Transition from Macro to Micro Level)。产品所占空间向较小方向进化。

定律 8：增加物质—场的完整性定律 (The Law of Increasing the S-Field Involvement)。对于存在不完整物质—场的系统，向着增加其完整性的方向进化。物质—场中的场从机械或热能向电子或电磁的方向进化。

从技术发展的过程可以看出，在时域上，所有的产品簇都是按照相同的进化步骤向前发展的，即以发现为起点到技术的消亡沿着 S 形路径发展如图 14 所示。

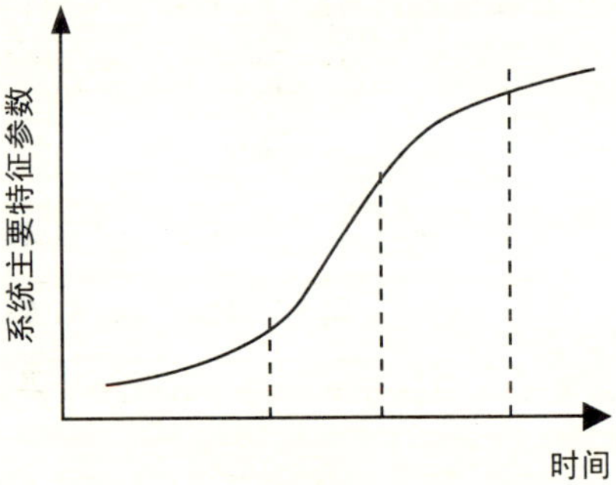

（a）

图 14　技术系统进化 S 曲线

发现标志着此产品族发明的起点。由于各种原因 (缺乏投资、较大的技术缺陷、企业缺乏兴趣等原因)，要花费许多年甚至几十年的时间，限制新产品族的主要问题才能解决，产品也才具备进入市场的能力。从发现到产品具备进入市场的能力的这段时期产品性能不具备进入市场的能力，阿奇舒勒称之为产品进化的婴儿期(Childhood Stage)在技术系统性能快速提高的过程中，竞争者开始生产类似的产品，相互间竞争保证了技术系统的发展速度。市场中产品族逐渐繁荣起来，最终达到市场的饱和。这段时期产品的性能提高很快，阿奇舒勒把这段时期称为产品进化的成长期(Development Stage)。

随着技术系统发展接近极限，发展速度开始放慢，但出于竞争的需要，企业继续投入大量资金，强迫技术系统达到其极限。这段时期产品性能基本达到极限，成本也基本达到最低，称为产品进化的成熟期(Maturity Stage)。

一旦达到技术极限，所有的创新努力都会功效甚微。企业一方面依靠市场手段继续占领市场，另一方面应积极寻找选择替代技术，推出新的产品。进入产品进化的退出期(Decline Stage)。

传统进化理论认为，技术系统进入退出期以后，其性能很难再有所增加，意味着产品进化终止。而现代研究认为，技术系统进入退出期并不意味着产品进化终止，相反，新的更高级的技术系统，使产品的进化出现跳跃，并沿着新的S进化曲线进行，新的技术系统不断产生，使产品进化不断出现跳跃，形成了产品进化曲线族，如图15所示。

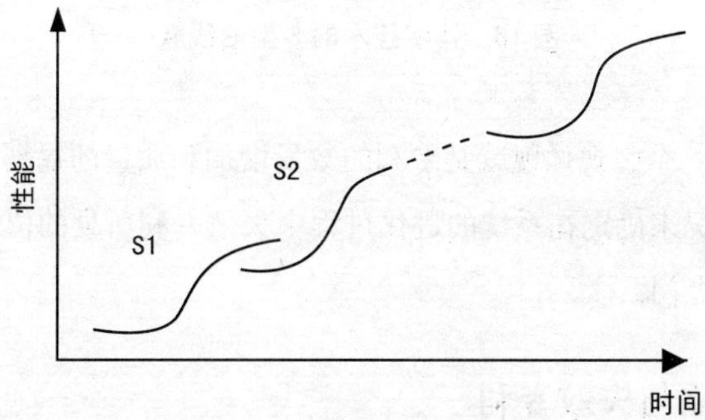

图15　技术系统进化曲线族

技术进入退出期后又会与更加新颖的技术衔接，相互衔接的多条S型曲线(S

型曲线族）相互包络成的切线就是包络曲线。包络曲线本身也呈S型。因此，可以根据同一特性参数在不同技术系统中的变化来预测技术发展的长期趋势。如图16所示，排字技术进化曲线。当某一领域较大时，它的发展可以看成没有退出期，只要这种需求存在，人类总会提高它的理想程度，随之技术会不断发展，只是相关技术的发展快慢不同时期并不相同，当某一领域较小的时候，它基于的可能是当时的一项技术，所对应的S曲线就会形成完好的四个阶段，然后以另一种更好的、更新的技术所替代，从而形成一段接一段的S曲线进化过程。

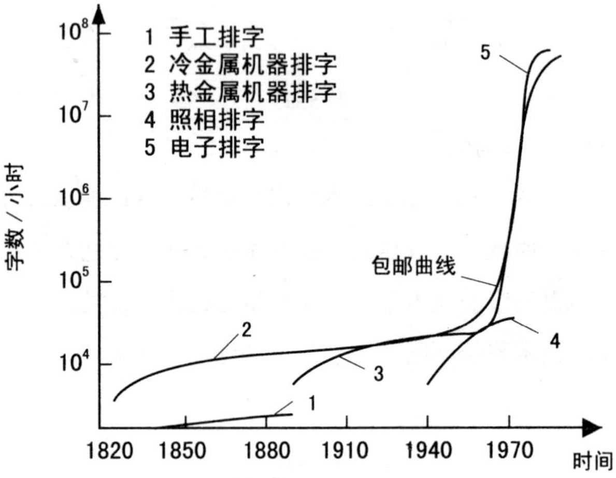

图16　排字技术的S型曲线族

技术发展的一个客观体现就是专利的数量增加和质量的提高，通过分析某技术系统的进化情况来确定在系统的进化过程中失效专利所处的位置可以为失效专利提供一扇应用之门。

二、理想化与失效专利

失效专利应用是对应产品的应用，即形成新产品或者已有产品使用新工艺，也就是说对于一个产品，创新进化是永恒的法则。TRIZ理想法则强调，任何产品或系统是不断的向理想化的境界进化的。也就是说，当我么设计产品时，确定了一个理想化的境界，产品或系统就不断朝这个方向迈进，从而使产品或系统可以不断变得更可靠、更简单、更有效、更能很好地满足人的需要。在TRIZ中，理想化的应用包含：理想系统、理想过程、理想物质、理想资源、理想方法、理想机器等。

理想化的描述如下：

理想机器：没有质量、没有体积、但能完成所需要的工作。

理想方法：不消耗能量及时间，但通过自身调节，能够获得所需要的效应。

理想过程：只有过程的结果，而无过程本身，突然就获得了结果。

理想物质：没有物质，功能得以实现。

不断地增加产品的理想化水平是产品创新的目标。

在产品设计中技术系统是功能的实现，任何系统在完成人们所需的功能时，都有负面作用。为了正反两方面作用进行评价，采用如下公式：

$$Ideality=\sum UF/\sum HF \tag{1}$$

式中：$Ideality$ 为理想化水平；$\sum UF$ 为有用功能之和；$\sum HF$ 为有害功能之和。

该公式的意义为：产品或技术系统的理想化水平与有用功能之和成正比，与有害功能之和成反比。有用功能包括系统发挥作用的所有有价值的结果；有害功能包括不希望的费用、能量消耗、污染和危险等。如为使产品的理想化水平提高就要增加产品的有用功能，减少费用、能量消耗、污染和危险等有害功能，产品的理想化水平就提高，竞争力就增强，反之则产品的竞争力就减少。

增加理想化水平可用如下4种方式之一：

(1) $d(\sum UF)/dt>d(\sum HF)/dt>0$，公式1中分子增加的速率高于分母增加速率；

(2) $d(\sum UF)/dt>0$，$d(\sum HF)/dt<0$，公式1中分子增加，分母减少；

(3) $d(\sum UF)/dt=0$，$d(\sum HF)/dt<0$，公式1中分子不变，分母减少，即有害功能减少；

(4) $d(\sum UF)/dt>0$，$d(\sum HF)/dt=0$，公式1中分母不变，分子增加，即有用功增加。有害功能不变。

为了分析更加方便，将公式 1 中的有害功能分解为代价与危害是方便的，将有用功之和用效益来代替，如式 (2) 所示：

$$Ideality=\sum Benefits/(\sum Expenses+\sum Harms) \quad (2)$$

式中：*Ideality* 为理想化水平；*Benefits* 为效益；*Expenses* 为代价；*Harms* 为危害。

代价包括原料的成本、系统所占用的空间、所消耗的能量及所产生的噪音等。危害包括废弃物及污染等。

式 (2) 的意义为产品或系统的理想化水平与其效益之和成正比，与所有代价及所有危害之和成反比。

TRIZ 理论中的理想化作为一种分析预测产品进化方向的方法，在分析基于产品的失效专利应用上有一定的作用。

三、技术矛盾矩阵与失效专利

不同的发明创造往往遵循某一相似规律。在对专利研究中，阿奇舒勒发现，仅有 39 项工程参数在彼此相对改善和恶化，而这些专利都是在不同的领域上解决这些工程参数的冲突与矛盾。这些矛盾不断地出现，又不断地被解决。由此，他总结出了解决冲突和矛盾的 40 个创新原理。之后，将这些冲突与冲突解决原理编号。这就是，著名的技术矛盾矩阵 (如图 17 所示)。这里，用一个例子来说明矛盾矩阵的应用方法。例如，将卫星送入太空时希望卫星的重量越轻越好，因为这将更加容易运载，同时成本也会降低。但若要减小重量，势必要缩小尺寸，卫星的性能就会受到影响。这样在使卫星更易于运载时，卫星的重量和尺寸之间就产生了矛盾。由于这一矛盾产生在卫星运动时，卫星的重量和尺寸分别对应矛盾矩阵中“运动物体的重量” (要改善的) 和“运动物体的尺寸” (恶化的) 两个技术特性上。上述两特性在矛盾矩阵的交叉点向我们提供了 4 个创新原理供参考，分别为第 8、15、29 和 34 号创新原理。8 号创新原理是：配重；15 号原理是：动态性改变；29 号原理是气压或液压构造；34 号原理是：去除且重新产生零件。

矩阵所提供的创新原理既可单独采用，也可组合应用。针对具体的矛盾，可以基于这些创新原理寻求具体解决方案。

恶化参数 优化参数	1. 运动物体的重量	2. 静止物体的重量	3. 运动物体的长度	……	9. 速度	……	39. 生产性
1. 运动物体的重量	X	—	8，15，29，34	…	2，8，15，38	…	3，24，27，35
2. 静止物体的重量	—	X	—	…	—	…	1，15，28，35
3. 运动物体的长度	8，15，29，34	—	X	…	4，8，13	…	4，14，28，29
……	…	…	…	…	…	…	…
9. 速度	2，13，28，38		8，13，14	…	X	…	—
……	…	…	…	…	…	…	…
39. 生产性	24，26，35，37	3，15，27，28	3，15，27，28	…	—	…	X

图17 技术矛盾矩阵

采用技术系统进化与理想化理论，可以从内到外的分析失效专利的应用，从失效专利处罚分析失效专利及对应的产品；采用技术矛盾手段则可以从外向内出发，分析现阶段产品的生产后者进化等过程中产生的矛盾，通过技术矛盾矩阵寻找解决方法，然后对专利库进行检索，从而达到利用失效专利的目的，但是这种应用方式并不能充分实现失效专利作为一种资源库的利用方式。

第三节　基于技术系统进化的失效专利分析

一、产品创新动力机制

产品创新的动力机制主要有技术推进模式和需求拉引模式。技术推进模式依赖科学技术的重大突破实现产品的创新，在实际的产品创新中所占比例较小。需求拉引模式是创新活动更为重要的动力源泉，它基于需求获取功能分析结构设计流程或类似流程进行产品设计，通过过程设计变量的反复迭代映射，最终产生产品的设计方案，典型的方法有功能—行为—结构 (Fuction—Behavior—Structure，FBS)、公理设计等。由于众多潜在的需求无法被用户识别，制约了需求拉引型创新的创意来源，该模式的创新能力受到了一定的限制。

产品要在不断变化的市场中立足，不能仅满足于为了适应市场需求的变化而进行的进化，还应在潜在市场需求发现之前先行进化，这就需要进行预测。据统计技术预测方法有200多种，但常用的只有20种左右，其应用面遍及经济、社会、军事、科技等各个方面[❶]，而且各种预测方法虽然是发达国家通行的传统技术预测方法，但这些预测方法存在很多缺陷，如，预测方法的局限性较大，仅能在特定条件下使用，仅能针对技术的某一方面特征值；预测方法主要是综合专家的知识对未来进行预测，没有广泛地征询社会各界的意见；预测结果主要取决于专家对预测对象的主管看法，受专家的学识、评价尺度、生理状态及兴趣程度等主观因素的制约；支持提出及实现可能特征的工具集是有限的；预测结果不能具体指导设计者实现创新设计。

TRIZ的技术系统进化理论通过对专利的分析，发现并确认了技术在结构上进化的趋势，而且还发现一个工程领域的进化趋势在另一个领域可能同样适用。

其中包括产品技术成熟度预测、技术进化模式及进化路线等。

---

❶ 张玉静：《基于TRIZ的产品创新设计研究与软件开发》，山东大学硕士学位论文，2009年。

二、基于技术系统进化的失效专利分析

通过对八种进化模式进行分析，然后结合Petrov的技术进化定律中的已有系统改进定律，从实用性的角度对技术进化按结构、时间、功能、可控性及理想化进行分类，总结出如下十种进化模式：

模式一：精简化，指系统由简单到复杂、再由复杂到简单的进化；

模式二：微观化，指系统由宏观物体向微观物体的进化；

模式三：动态化，指系统向动态性增加的方向进化；

模式四：曲面化，指系统几何形状的进化；

模式五：多维化，指系统向维数增加的方向进化；

模式六：调和化，指系统向各部件和谐的方向进化；

模式七：集成化，指系统向超系统方向进化；

模式八：自动化，指系统向可控性增加的方向进化；

模式九：智能化，指系统向减少人的介入方向进化；

模式十：理想化，指系统向增加理想化水平的方向进化。

十种进化模式应用在系统已经存在并且需要改进的情况下，是技术系统发展的一半趋势，在系统改进和创新设计上应用最大，每种进化模式也包含着多条进化路线。技术进化路线提供了系统进化的详细描述，所以是预测的更有力的工具。每条路线都包含几种状态。例如，模式四中的路线“体的几何进化”中包含了四种状态：立方体、圆柱体、球体和复合体。四种状态表明了进化的过程。进化模式和路线可以用图18的方式表示。某种产品的技术进化不一定只遵循一条路线。例如，进化可以从状态1，1，2到状态3，3，3。某种产品的进化也不一定是一步步进行的。例如，进化可以从状态2，1，1跃迁到状态2，1，3。

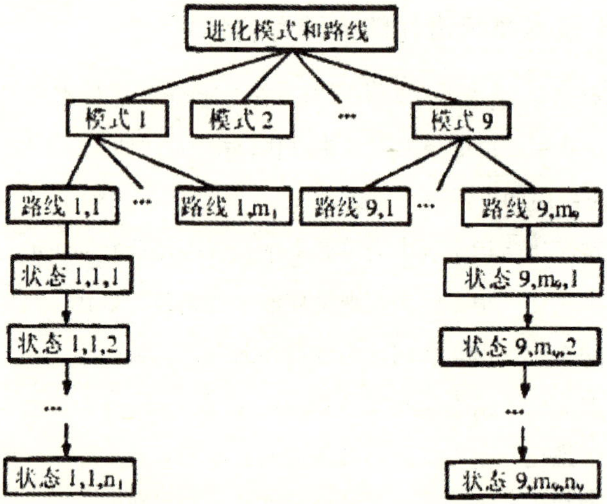

图18　进化模式和进化路线

TRIZ技术进化理论能够帮助确认技术系统目前的发展状态，并且预测其未来发展趋势。以此理论为核心，由Zuman等TRIZ学者发展起来的直接技术预测法是技术预测方法的代表，该预测法首先通过技术系统进化路线确定技术进化可能方向，预测技术系统的未来进化状态，然后从不同角度进行分析，最终选择出其中最有前途的作为技术发展的方向。它包括以下四项主要内容：

1. 分析

(1) 考察专利及其他相关可用信息，研究技术系统的历史，了解它是如何进化的，通过比较进化模式及路线，确定该技术现在处于进化路线上的位置。

(2) 展开技术系统的特定进化路线，包括所有已知适用的通用进化路线以及近似系统进化路线。

2. 识别实施进化的技术能力

(1) 搜索进化路线中被忽视的进化路线空缺，以及未来发展可能的进化路线。

(2) 对于未来发展可能的进化步骤，分析为了支持这种进化目的需要进行哪些技术革新。

3. 识别市场输入

(1) 识别可能的用户及他们的期待。

(2) 筛选出技术可能的进化方向。

(3) 选择出符合试产期望的进化方向。

4. 计划和实施

制定技术发展的研究、市场、发展和实施时间表，应用TRIZ问题解决工具解决可能出现的问题。

技术系统所遵循的进化模式和路线是TRIZ直接技术预测法的核心。在预测过程中，预测结果的精准性一直是追求的目标。为了达到这一目的，技术进化模式和路线的数量不断扩充，目前已发展的技术进化路线有三百余条，并还在进一步完善。通过对技术进化的分析得到产品进化预测模型：

步骤1：产品分析

(1) 研究产品的历史演化过程：以十种进化趋势为理论基础，做出产品及其主要元件的进化图，了解它是如何进化的，并确定其各个阶段所遵循的产品进化趋势。

(2) 功能分析：主要是从实现功能的角度而不是从技术的角度分析产品系统及其子系统。通过产品不同进化阶段的功能实现方式，加深对于产品进化过程的理解。

步骤2：确定新产品的发展方向

确定产品及其主要子系统的理想解，并综合步骤一种所得出的结论，再确定出比现有产品更加理想化的方案，并将此结论作为新产品的发展方向。

步骤3：对未来新产品的可行性进行评估

利用未来情境预测法对新产品概念进行可行性评估，综合新产品今后可能遵循的进化模式及社会的进步因素，模拟若干未来情境，主要包括新产品的使用环境、所处的未来社会环境及组成新产品的各个部件。未来情境的表述细节依赖于设计者的个人创造力及想象力，这一过程可以集思广益，以增加预测的准确性。

步骤 4：新产品概念的初步实现研究

分析造成现有产品和新产品之间差距的冲突，分析现有的可用资源，综合考察生产技术限制、生产条件、设计投入、法律法规等各项因素，考量新产品的市场价值，应用 TRIZ 问题解决工具尝试解决出现的问题，并开始准备市场化运作。

应用此新产品设计预测模型，能够对产品有一个历史性、系统化的了解，明确现有产品的进化状态，以及确定新产品的发展方向。并且这些极具价值的结论有助于我们从宏观上把握产品进化发展的方向，为现有产品的优化以及新产品的开发提供了重要的理论指导。通过分析现有及未来可能的新产品相关的专利信息，形成技术系统进化曲线来确定失效专利在整个产品体系中的位置，分析失效专利应用前景。

第八章　基于 TRIZ 理论的失效专利应用过程模型

失效专利虽然是座“金山”，但毕竟没有价值的“杂质”还是很多。失效专利应用的过程就是从大量的数据中选取部分数据，通过增加约束条件去除不需要的、干扰的信息，最后定位到有价值信息来应用的过程。

第一节　技术系统进化曲线分析

技术系统进化曲线作为技术进化规律，是对客观信息进行分析统计体现，对 S 曲线的说明需要对某技术系统的专利数量 / 时间变化曲线，专利等级 / 时间变化曲线，对应产品利润 / 时间变化曲线，产品性能 / 时间变化曲线四种曲线。其中专利数量要求对对应主题进行分析对每年专利数量统计并进行分析；专利等级依靠 TRIZ 理论中专利等级分类方法对所检索出来的专利进行等级确定；产品利润在实际操作中准确情况不好掌握，所以有些研究者采用对应产品的销售数量时间数据[1]：一种产品具有多种性能，在 S 曲线分析中的产品性能是产品的最主要的性能。通过分析当前产品的相关参数变化情况，就可以确定该产品处于生命周期的哪个阶段，从而为制定产品开发策略提供参考，如图 19。

---

[1] 谭宗颖：《基于专利文献的技术机会分析方法研究》，中国科技学院文献情报中心，2007。

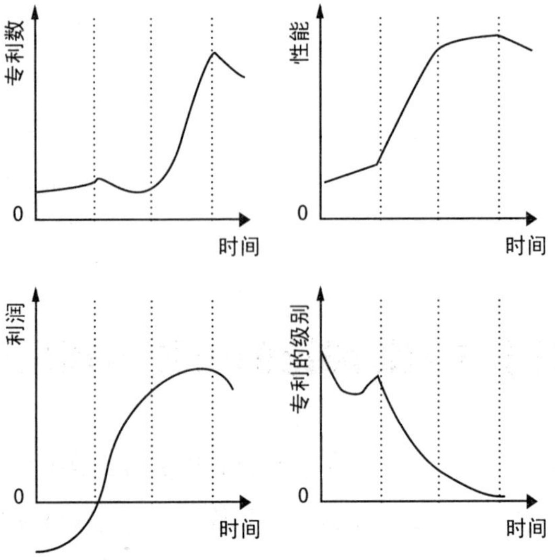

图 19　技术成熟度预测曲线❶

然而在实际研究中即使产品销售数据也可能较难获得，所以美国 TRIZ 专家 Darrell Man 在分析专利考察模式中采用两种替代方式：降低成本的专利 (Cost Reduction related Patents，CRRP) 旨在降低技术使用、产品制造的成本从而降低产品价格，如对设计的简化、低成本材料的使用、生产和装配技术的改进等；弥补缺陷的专利 (Symptom Curing Patents，SCP) 则是通过引入补充技术、结构或方法来弥补目标技术中存在的缺陷，以在不致对技术系统做出太多改变的前提下提高性能，如为了降低噪音而为系统添加消音器等。所以采用专利数量 / 时间曲线，专利等级 / 时间曲线，CRRP/SCP/ 时间曲线来分析技术系统化程度。如图 20 降低成本专利和弥补缺陷专利的标准曲线所示。

❶　檀润华、苑彩云、张瑞红等：《基于技术进化的产品设计过程研究》，机械工程学报，2002 年 12 期。

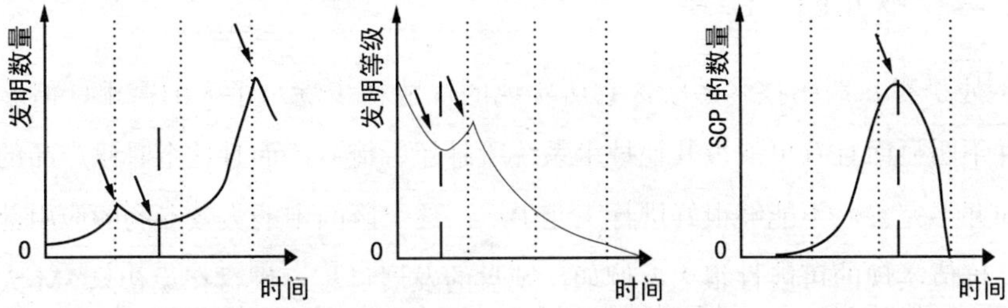

图 20　替代后技术成熟度预测曲线

通过分析专利图 20 中 3 种与专利相关的曲线可以得到实际的技术系统发展情况即 S 曲线，把拐点之间的曲线描述为技术系统进化分段曲线如图 21 所示。从婴儿期成长到衰退期，包含了一定量的专利，从累积的角度来讲专利总量越来越多，但是每个区间的专利数量是固定的，通过分析各个区间专利中失效专利的情况，可以对失效专利数据量进行限制，分类分析。在分析技术系统进化时候，并不是所有的技术系统都能体现出一条完整的 S 曲线，人对产品的需求随着技术的不断发展而不断变化，曲线极有可能只进行了一部分，这个时候需要市场人员、技术工程师分析当前性能对人需求的满足情况，进一步确定技术系统进化情况。

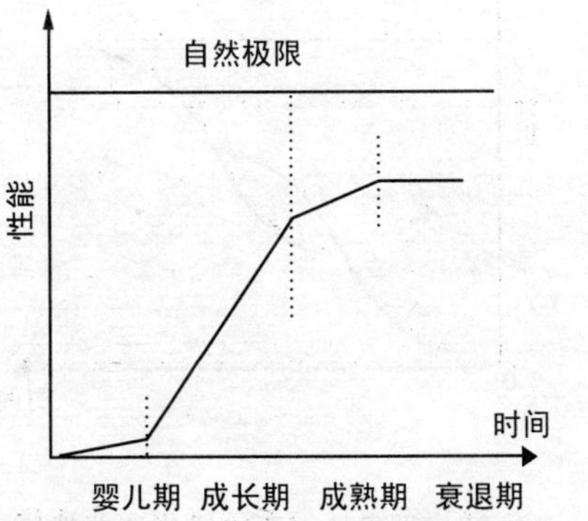

图 21　技术系统进化分段曲线

一、婴儿期

处于婴儿期的技术系统，它所实现的性能初步满足了人的需求，但这种满足并不明显而且有可能被其他技术系统所赶超、掩盖，而且这个时候产品的很多方面并不完善，不能够很好进行工业生产。这个区间中的失效专利的应用前景广泛，价值实现的可能性很大。例如，硬盘的发展过程，硬盘在最初只5M大小，而且虽然在1973年就已经确立了现代硬盘的基本架构“Winchester”架构，但直到1994年，IBM公司才研制成巨磁电阻效应的读出磁头，现代硬盘才诞生。这个时候硬盘的基本架构专利已经失效了。如图22所示，其中以曲线S_1表示硬盘子系统“Winchester”架构技术系统曲线，S_2表示巨磁电阻效应的读出磁头技术系统曲线，在性能轴(纵轴)上性能在不断的上升，而在读出磁头出现之前，“Winchester”架构只是在婴儿期，那时的磁盘没有在个人电脑上使用，多用于科研计算和商业服务。如果在巨磁电阻效应的读出磁头没有出现之前利用此架构可以开发基于其他原理的硬盘，可能产生效益，实现“Winchester”架构失效专利的价值。另外在S_1和S_2之间还有很多的专利，其中的一部分也已经失效，可以免费试用。

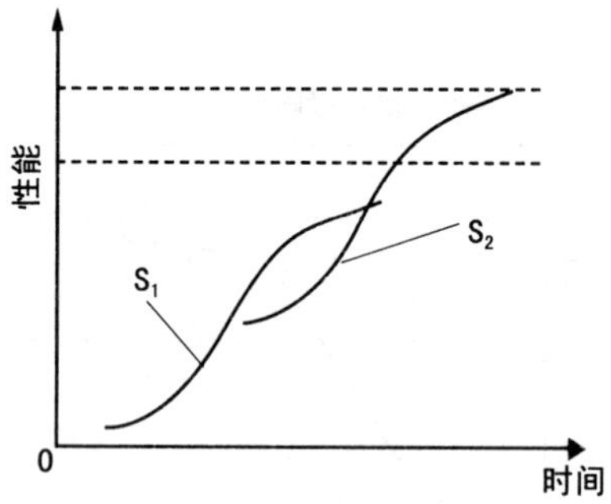

图22　硬盘技术系统进化S曲线族

二、成长期

在成长期，产品的未来得到了比较充分的认识，厂商逐步进入，竞争增加，专利数量成长巨大，虽然都是基于一种核心技术 (起点相同) 的产品，但是由于各个厂商对市场的认识不同，投入的成本的不同，研发力量的不同，对某种产品可能出现多条 S 曲线，如图 23 所示。例如 VCD 与 SVCD，两种技术都是基于视频压缩技术，由于 VCD 产品最先投向市场，市场的认可率较高形成 OC1C 曲线，同时 SVCD 由于在技术上基本与 VCD 相同，它借用了 VCD 成熟的制造技术和销售网络的发展从本来可能的 OA1A 跳跃到 OA1C1C。成长期的多是完善产品，增加性能，减少成本的专利，其中的失效专利的应用虽然较有前景但要分析其与核心专利的关系，避免专利侵权。

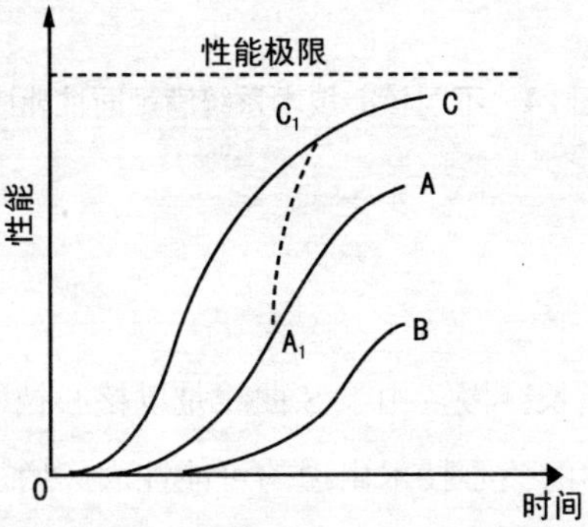

图 23　时间同一核心技术系统不同发展路径 S 曲线

三、成熟期

当技术系统进入成熟期后专利的申请量逐渐减少，因为产品性能已达到此类技术的极致，很难再通过对现有技术的补充提高其应用性。对于在成熟期的失效专利，需要看其对产品的贡献程度，以及与未来替换核心技术之间的关系。如图 24 所示是 S_1 与 S_2 曲线虽然是不同的核心 (起点不相同)，但是发展到成熟期，对性能的满足基本相同（上部曲线基本重合），S_1 成熟期的失效专利可以为 S_2 使用的可能性非常大，但是未来产生的价值并不能保证，因为进入成熟期之后的产品不能再更多满足用户需求，用户可能转向性能更高的技术。

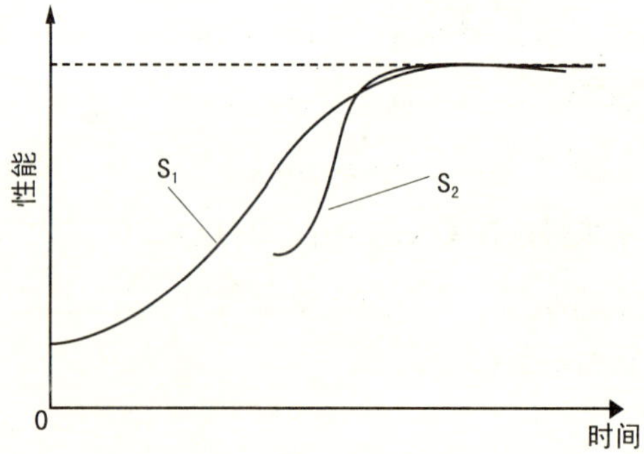

图 24　不同核心技术系统满足同性能曲线

四、衰退期

在衰退期，专利增长减慢。由于 S 曲线是以核心技术为基础，所以进入衰退期以后，新的替代产品的核心技术出现的可能性大大增加，利用此阶段的失效专利几乎没有经济价值。但是因为现代社会国际化，为使用该阶段的失效专利提供了机会。S 曲线作为技术系统的客观体现，然而不同地区的发展并不相同。所以不同地区同一种产品的在同一时刻 S 曲线的情况并不相同，这点可以从不同国家技术水平上发现。如图 25 所示，S_1 为一技术发达国家某种产品的曲线，S_2 为一不发达国家，由于国家不发达所以产品基本依靠外国技术与外国进口，导致本国产品相关专利数量较少，所以不论客观以不发达国家的专利指标计算上，还是主观对发达国家和此不发达国家性能满足程度的判断上，同一时期不发达国家总是小于发达国家。比如普通机床在美国处于衰退期，同时中国与美国都大量应用数控机床，然而中国的普通机床的市场仍然巨大。所以说技术系统的衰退不一定是绝对的衰退，可能满足另一个地区或者国家用户的需求，只要把握好市场用户，衰退期的专利也可以产生价值。

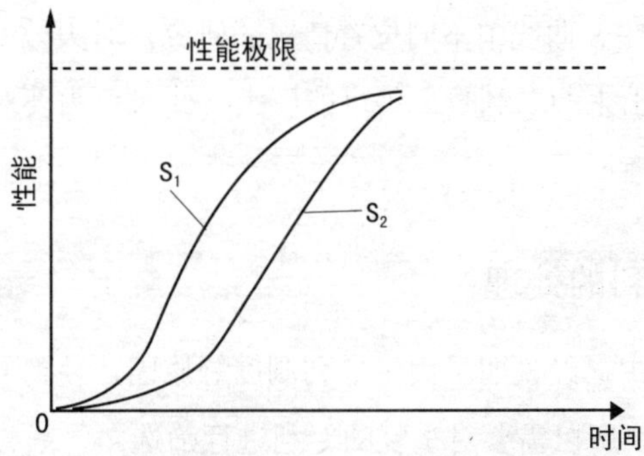

图25 不同国家同一核心技术系统进化

第二节 失效专利信息的处理

通过失效专利在S曲线中不同位置情况的研究，对失效专利价值进行了初步的定位，但是筛选出来的专利数量仍可能巨大，此时仍需要对筛选出来的失效专利进行进一步的处理：

一、重复专利的处理

在前面的章节中已经说明了由于专利制度等原因，使得专利的保护范围有重叠、交叉的可能性，所以需要对重复的专利进行筛选。

二、价值的再确定

针对一个技术系统检索出来的失效专利对对应产品性能的影响不相同，对形成新产品的价值贡献更不相同。未来新产品的核心专利与非核心专利需要进行分析，可以采取上述TRIZ专利分级的方式进行分类，然后对失效专利中描述的技术对产品性能影响进行分析，从而保留有价值的专利，抛弃价值低的失效专利。

三、侵权处理

在确定的失效专利中需要对专利的侵权可能性进行分析，采用第五章的方法来避免新产品投放市场后的可能产生的专利纠纷。

第三节　产品理想化分析

通过分析失效专利在S曲线中的位置，初步确定了哪些失效专利应用可能形成新产品，进而产生市场价值，然而一个产品是否产生价值还需要进一步分析。分析失效专利为了实现应用，即转化成为能够被市场认可的产品，产品创新包括改良性产品和创造性产品，改良性产品是基于现有产品基础上的优化和改进，使产品更适合于人的需求、市场的需求、环境的需求或更适合新的技术手段。而创造性产品是一种针对人的潜在需求的设计创造出前所未有的新产品来。这两种都是体现在追求产品的理想化的过程中，都是为了提高产品的理想化水平，并使人们的生活更趋于理想化。

一、局部理想化

局部理想化是指对于选定的原理通过不同的实现方法使其理想化。电风扇自诞生以来数十年间，其设计大多离不开贝伦斯1908年在德国工业公司的最初设计原型，这主要是原理一致，结构功能差不多导致的。只能从局部进行理想化。局部理想化的过程有四种模式：

（一）加强

通过参数优化、采用更高级的材料、引入附加调节装置等加强有用功能的作用。这种模式比较适合变量设计，变量设计又称改型设计，是指改变产品某些方面的参数，如尺寸、形态、材料、操控方式等，从而得到新的产品，它不改变原有产品的结构，即原有系统不变，而只对其中的子系统做相应调整。这种方式常常用于系列产品及相关产品设计。如对上述的电风扇可采用更高级的材料，引入调节风向和定时等装置或遥控加强有用功能，从而从局部进行理想化。

（二）降低

通过对有害功能的补偿，减少或消除损失或浪费，采用更便宜的材料、标准零部件等。同样也适合上述提到的变量设计。再如汽车尾气排放污染空气和环境，通过对其有害功能的补偿，一来可以提高效率减少排污量，二来可以采用新的情节能源。现在资源能源消耗严重，而绿色设计中提倡“少量化设计原则”、“再利用原则”和“再生原则”等就是要尽量减少物质和能源的消耗，也属于局部理想化。

（三）通用化

采用多功能技术增加有用功的个数。如MP4既可以听音乐，又可以看图像，比MP3增加了有用功，提高了理想化水平。现在手机也越来越向多功能化发展，拥有电话、记事、闹铃、摄像、应用等功能，理想化水平提高。

（四）专用化

突出功能的主次。比如以前的椅子是通用的，而现在专用化突出，有专门的阳台椅、客厅椅等。再如以前工厂生产和销售一体，现在销售从中分离出来，成立了专门的销售公司进行市场运作，提高了其专用化。

二、全局理想化

全局理想化是指对同一功能通过选择不同的原理使之理想化。全局理想化有三种模式：

（一）功能禁止

在不影响主要功能的条件下，去掉中性的及辅助的功能。如高压锅具有煮饭、炖汤和烤箱的功能，但是人们很少用高压锅来烤食物，这项功能显得多余，可去掉此项功能。

（二）系统禁止

如果采用某种可用资源后可省掉辅助子系统，一般可降低系统的成本。如太阳能热水器利用太阳能量资源，可省掉用电或煤气烧水的子系统，降低了系统成本。

（三）原理改变

改变已有系统的工作原理，可简化系统或使用过程更方便。如新的工作原理激光技术的应用使得激光打印机比喷墨打印机更加方便快捷。设计人员在设计过程开始需要选择目标，即将局部理想化还是将其全局理想化。通常的作法是首先考虑局部理想化，所有的尝试都失败后才考虑全局理想化。

第四节　失效专利应用过程模型

通过以上的分析，我们知道失效专利应用是企业为了对产品机型改良或者制造新产品提升性能以满足用户需求，所以企业首先要分析产品的主要性能，分析主要性能相关专利，形成技术系统进化的S曲线，再对S曲线中失效专利在各个区内的情况进行分析，再经过发明等级评价及对应失效专利未来产品理想化分析，从而对市场进行定位，整个流程就是失效专利应用过程模型。

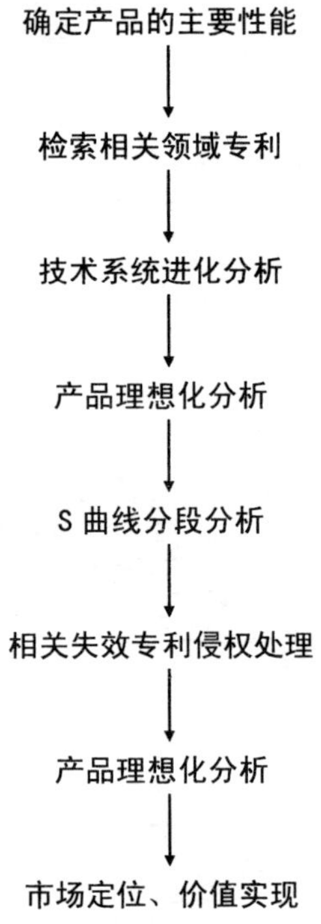

图26　失效专利应用过程模型

结　语

虽说书稿已交付，但我却没有一种轻松起来的感觉。这或许是因为，匆忙定稿，总免不了许多遗憾甚至错误，更主要的是，本以为这些年来对专利法律深为熟知以及对专利信息应用的研究积累了一定的经验，但通过本书的写作过程，我感觉自己仍犹如一个刚刚入门的学童。一项制度的研究并不是停滞不前的，它需要我们不断的钻研，通过深入了解和调查，在实践中不断探索新的方式方法，这项制度才会逐渐成熟。本书虽对失效专利信息技术的挖掘进行了系统的分析和研究，但是失效专利的应用并不是停留在理论研究层面的，它不仅需要技术的深入挖掘及经济实力的支撑，更需要各个领域的充分合作，甚至需要政府部门进行激励和统筹，才能形成对失效专利资源以及其他公知公用技术的系统应用。

改革开放以来，中国用近 30 年的时间，完成了西方国家几百年专利制度走过的历程，得到了国际社会的公认。专利技术信息利用已成为提升企业竞争力，增强企业技术创新能力的一种战略资源，已成为提高知识产权创造、运用、保护和管理能力的现实需要。但也应该认识到，由于我国起步较晚，人们的专利意识还很淡薄，企业利用专利保护的实践还有待深入，特别是在失效专利的研究和应用上，很多人还存在着失效专利是没有技术含量、丧失利用价值等认识误区。

在本书中，第二章详细叙述了失效专利产生的原因，通过对失效专利产生原因的分析，我们可以了解失效专利的经济及技术价值，有选择性地选取失效专利。第三章通过对失效专利具体获取途径的分析，可以更进一步的了解如何获取详细的失效专利信息。通过第四章和第五章利用专利侵权和失效专利侵权的介绍，去分析如何筛选失效专利，以避免产生侵权行为。第六章和第七章旨在分析失效专利的应用价值和应用领域，可以为失效专利在各个领域的应用提供方法和途径。第八章通过对TRIZ理论的学习，利用TRIZ理论对失效专利进行分析，从而总结失效专利的应用过程模型。

愿本书既可以帮助企业在如何利用失效专利上引领思路、提供方法，又可以帮助企业充分利用公知公用技术信息为自身创造经济效益，特别是对那些刚刚起步的中小型企业，帮助他们“站在巨人的肩膀上”开拓创新，成为这些中小企业创业成长中的“助推器”。

在本书的形成过程中，参考过众多知识产权论著，受益良多，在此谨向本书撰写过程中参考过的知识产权论著的作者们致以最诚挚的谢意！同时这本书凝结了朋友和老师们的指点和帮助，在此一并致以最衷心的感谢！